Mère épuisée

Stéphanie Allenou

Mère épuisée

ÉDITIONS FRANCE LOISIRS

Édition du Club France Loisirs,
avec l'autorisation des Éditions Les liens qui libèrent.

Éditions France Loisirs,
123, boulevard de Grenelle, Paris.
www.franceloisirs.com

ISBN : 978-2-298-05187-2

Un petit livre pour les mères :

– Pour qu'elles sachent que des amies vont mal
– Pour qu'elles se sentent moins seules
– Pour qu'elles anticipent et se protègent
– Pour qu'elles réagissent
– Pour qu'elles s'en sortent

Un petit livre pour les pères :

– Pour qu'ils comprennent
– Pour qu'ils soient à l'écoute de leur femme
– Pour qu'ils ne fuient pas
– Pour qu'ils s'engagent

Un petit livre pour les grands-mères :

– Pour qu'elles se rendent compte que leurs filles ne bénéficient pas forcément de meilleures conditions qu'elles
– Pour qu'elles mesurent l'isolement dans lequel elles se trouvent
– Pour qu'elles s'aperçoivent qu'elles ont un rôle à jouer
– Pour qu'elles maternent encore un petit peu de temps en temps

Un petit livre pour les grands-pères :

– Pour qu'ils se sentent concernés
– Pour qu'ils reconnaissent simplement à leur fille une place de mère

Un petit livre pour les frères, les sœurs, les ami(e)s :

– Pour qu'ils acceptent l'idée que l'autre puisse vivre des choses différentes
– Pour qu'ils fassent attention à celle qui souffre
– Pour qu'ils évitent de juger et de condamner
– Pour qu'ils trouvent la bonne distance
– Pour qu'ils soutiennent

Un petit livre pour ceux qui travaillent auprès des mères :

– Pour qu'ils gardent à l'esprit l'humanité de leur métier
– Pour qu'ils restituent aux mères leur place au-delà des actes médicaux
– Pour qu'ils se posent des questions

Un petit livre pour tous :

– Pour que nous soyons attentifs à ce qu'on dit… et ne dit pas ; à ce qu'on fait… et ne fait pas
– Pour que nous nous demandions ce que signifie être une mère aujourd'hui

Naissances

Je suis née mère le 24 juin 2003 à 19 h 45.

Quand j'ouvre les yeux, il y a sur moi un petit paquet emmailloté d'où émerge un visage tout gris et tout plissé. Ce bébé me regarde. C'est un moment unique où se mêlent soulagement et appréhension : « Ce petit être n'est pas moi. Je n'ai pas accouché d'un "mini-moi". Lui, je ne le connais pas… » Cette évidence de la première rencontre avec mon enfant est encore gravée en moi.

L'accouchement a été déclenché à 7 heures. On m'avait annoncé un gros bébé. Le gynécologue pensait que je risquais une césarienne en allant au terme de cette grossesse. Nous avons donc laissé quelques jours encore à la nature, puis il a fallu prendre une décision, car le bébé grossissait toujours. Raisonnablement, huit jours avant la date présumée de la naissance, nous avons accepté, mon mari et moi, de « prendre rendez-vous » pour faire naître notre premier enfant. Ainsi est la naissance aujourd'hui : on peut programmer l'arrivée de l'enfant, et par là même retirer une part de mystère à la venue de la vie.

Je ne perds pas les eaux, je n'ai pas de premières contractions chez moi. Tout ce que j'entends raconter depuis des années par mes tantes, ma mère, ma sœur, devient sans valeur. La perspective de la naissance me réjouit plus qu'elle ne m'angoisse, mais je me vois m'engager sur un chemin inconnu où la perte de repères me fragilise.

La sage-femme applique le gel pour déclencher le travail et m'assure que cette technique fonctionne toujours : « Il n'y a que deux ou trois cas par an où il faut recommencer. » Je suis sans doute le deuxième de l'année...

Elle me garantit aussi que le bébé sera là en début d'après-midi. La programmation a probablement ses limites, comme la médication d'ailleurs, car l'après-midi s'écoule – plus ou moins douloureusement – sans qu'on observe une nette progression du travail. La péridurale n'ayant pas insensibilisé toutes les zones du bas de mon corps, on me met momentanément sous morphine. L'accouchement est plus long que prévu.

D'heure en heure, la menace de la césarienne se fait plus précise – « Si dans une heure le col n'a pas progressé de 2 centimètres, il faudra césariser » –, et d'heure en heure Jérôme et moi espérons de plus en plus fort que le processus va s'accélérer.

En toute fin de journée, la sage-femme vient me dire qu'elle a informé le gynécologue de l'avancée du travail et que celui-ci demande à me faire pousser « pour voir ». Pour voir quoi ? me dis-je. Si j'ai encore assez de forces ? Mais bien sûr que j'en ai ! Ce bébé, je veux le mettre au monde, et j'y consacrerai toute mon énergie. Ne pourrait-on pas plutôt chercher à savoir comment je me sens, et si je m'en crois capable ?

Personne ne me dit : « C'est maintenant que vous allez faire naître votre enfant ! » On me dit juste : « Poussez ! » Je pousse. Les séances de préparation à l'accouchement ne me sont pas d'une grande utilité car, à ce moment-là, je ne comprends pas ce qu'on attend de moi.

La sage-femme m'enjoint de pousser en même temps que la contraction. Malheureusement, je ne sens rien de précis, si ce n'est une douleur violente et continue. Le monitoring est débranché, je ne peux pas suivre l'arrivée des contractions sur l'écran. La sage-femme demande à mon mari de se déplacer, elle s'arc-boute sur mon ventre et exerce une violente pression pour faciliter la descente du bébé. Je dis que j'ai envie de vomir. Elle me répond : « Ah non, ça n'est pas le moment ! » Ma bouche se remplit de liquide… que je garde poliment jusqu'à la fin pour ne pas en mettre partout.

Je me souviens de mon agacement quand mon mari, chargé de poser sur mon visage le masque délivrant un gaz censé réduire la douleur, s'exécute à contretemps. Il doit être, lui aussi, un peu perturbé.

Le gynécologue pratique une épisiotomie. Il s'arme de sortes de grosses cuillères pour attraper la tête du nourrisson.

La douleur est intense, je ferme les yeux et je me replie sur moi. J'en oublie complètement le bébé, trop absorbée par ce que je suis en train de subir.

Autour de moi, la tension du personnel médical est palpable. Pas un mot. Été de la canicule, 30 °C dans la salle d'accouchement.

Enfin, je sens sur moi ce léger poids. Toute l'équipe se détend, les sourires reviennent sur les visages. Jérôme et moi avons un bébé. Ce n'est encore qu'un « bébé ». La sage-femme demande : « Mais au fait, c'est quoi, ce bébé ? » Elle écarte le linge qui l'enveloppe et lui soulève une jambe.

Les premiers éléments de son identité se mettent alors en place : c'est une fille, nous l'appelons Charlotte. C'est une belle récompense : je rêvais que mon premier enfant soit une fille. Mes grossesses suivantes pourront être sereines, j'ai au moins une fille !

Petit à petit, j'apprends des choses sur elle : elle pèse 3,945 kilogrammes pour 51 centimètres. Doucement, elle me devient moins étrangère. Je demande à pouvoir la mettre au sein. Le personnel refuse : « Non, vous l'allaiterez dans deux heures, de retour dans votre chambre ! » Je suis hyper frustrée. Je me demande bien de quel droit ils refusent, mais je n'ose pas râler ; je suis fatiguée.

La sage-femme met Charlotte en couveuse. Une heure après, elle prend notre température : 38 °C pour elle, 39 °C pour moi. On sort la petite de la couveuse ; je ne comprends rien de ce qu'ils font. Quand il fait 35 °C dehors, est-il nécessaire de réchauffer un bébé ?

Au final, je ne décide pas de grand-chose dans cet accouchement. Eux savent, moi je dois courber l'échine et accepter. Pourtant, le personnel me parle gentiment. Seul l'anesthésiste se montre franchement désagréable. Pendant le travail, quand la première pose de la péridurale rate, j'ai un coup de cafard. L'anesthésiste dit que c'est de ma faute, que j'ai bougé. Il me plie en deux et m'appuie fortement dessus, sans ménagement. J'ai envie de pleurer. La sage-femme est là pour me prendre dans ses bras et me rassurer. J'apprécie d'être maternée au moment de donner la vie. Elle m'accompagne bien et reste à mes côtés la plupart du temps. Je ne me sens pas abandonnée.

C'est à la fin de l'accouchement que j'ai vraiment l'impression d'être écartée. On a plus arraché ce bébé à mon corps que je ne l'ai fait naître. Peut-il en être autrement ? Médicalement parlant, probablement pas. Il y a un siècle, les choses se seraient sans doute très mal passées pour Charlotte et moi. Mais, au niveau humain, quelques paroles auraient suffi pour que je vive mieux ce moment de l'« expulsion ». J'aurais pu aider convenablement à cette naissance.

On oublie parfois que les naissances peuvent entraîner des décès, celui de l'enfant comme celui de la mère. Alors, malgré les mots qui n'ont pas été dits, je reste infiniment reconnaissante au personnel qui nous a permis, à ma fille et à moi, de poursuivre ensemble nos vies.

Ma petite étrangère

Charlotte m'étonne. Je ne lui trouve de ressemblance avec personne. Elle est incroyablement « elle-même ». Ses yeux sont bleu clair, transparents. Je croyais qu'à la naissance tous les bébés avaient les yeux gris-bleu ardoise. Elle regarde partout et redresse la tête. Elle happe ce qui passe à portée de sa bouche et tète bien. Je trouve ce corps à corps très bizarre. Ce sont quand même mes seins ! Il n'y a aucune pudeur en elle. Je me demande comment je vais faire lors des premières visites. Je n'ai pas pour habitude de me déshabiller devant les gens…

Ma sœur s'est envolée pour l'étranger le matin même de l'accouchement, sans savoir que le bébé allait naître ce jour-là. Elle me manque. Elle pourrait m'accompagner, elle a trois enfants. J'ai également trois frères, mais c'est différent.

Mes parents et mes beaux-parents viennent nous voir. Je suis heureuse de leur offrir une nouvelle petite-fille. La famille élargie et les amis viennent aussi. Cet entourage compte beaucoup. Je fais maintenant partie de la grande famille des mères. C'est mon mari et moi qui prendrons les premières décisions pour notre enfant. Mon statut vient de changer je suis « fille de ma mère » et « mère de ma fille ». La boucle est bouclée.

Le matin qui suit mon accouchement, une aide-soignante vient me voir pour m'assister dans ma toilette. Je suis incapable de me lever, c'est donc sur mon lit qu'elle procède. Drôle d'expérience pour une mère naissante que de se voir lavée comme une enfant ! Je suis submergée de gratitude pour cette femme qui prend soin de moi. Ce maternage de la mère fait partie des « rites » liés à l'accouchement. Existe-t-il des sociétés où une jeune accouchée ne bénéficie pas des attentions des autres femmes ?

Charlotte et moi restons sept jours à la maternité. Le gynécologue m'a proposé de prolonger mon séjour : j'ai accepté. Je me sens très fatiguée et j'ai l'impression que tout va reposer sur moi une fois à la maison. Jérôme n'y connaît pas grand-chose en matière de bébés.

Le dernier jour, je suis en larmes ; j'ai le cœur lourd, je ne veux plus rentrer chez moi. J'ai peur. Je me sens « larguée », littéralement, comme un bateau dont on a détaché les amarres. Et c'est bien de ça qu'il s'agit : la mère que je suis craint de ne plus être entourée, de ne plus être rassurée. À la maternité je peux appeler, de jour comme de nuit, pour demander conseil. Par exemple, au cours d'une des premières nuits, Charlotte manque de s'étouffer. Je la sors immédiatement de son berceau pour la redresser et je sonne. Une puéricultrice arrive tout de suite et me rassure : les nouveau-nés ont souvent des remontées de glaires qui les gênent, mais il n'y a rien de grave.

Chez moi, s'il se passe quelque chose, personne ne viendra, le téléphone sera le seul recours. Mon mari ne pourra que faire ce que je lui dirai, il n'a pas l'expérience des petits.

Avant de partir, je veux revoir la sage-femme qui m'a accompagnée pendant mon accouchement : j'ai besoin qu'elle me le raconte pour pouvoir me le réapproprier, créer du lien entre les événements. C'est comme si j'en avais raté des épisodes. Malheureusement, elle ne reprendra son travail qu'après mon départ.

Je quitte la maternité en pleurs. Je ne suis pas effondrée, mais j'ai l'impression de laisser des amies derrière moi pour toujours.

Retour à la maison

À la maison, une première question se pose : où mettre Charlotte ? Sa chambre est prête, mais elle se trouve à l'autre bout de l'appartement, or j'aimerais bien l'avoir près de moi. Son père ne veut pas qu'elle dorme dans notre chambre. Nous coupons la poire en deux : elle passera sa première nuit dans le couloir. Mais aux premiers pleurs, son père la ramène dans sa chambre. Je ne suis pas contente ; je trouve sa décision injuste, car c'est moi qui vais devoir me lever la nuit pour m'occuper d'elle. Pourtant, je ne m'y oppose pas vraiment. Qui doit trancher ?

Nous allons apprendre ensemble ce qui est le mieux pour chacun. Mon ouïe est fine, je me réveille dès qu'elle appelle. Toutefois, je me dis que si j'ai un autre enfant, il sera collé à mon lit. Je ne me lèverai plus pour aller donner le sein dans une autre pièce. Celui qui nourrit doit pouvoir le faire dans les meilleures conditions possibles, sans supplément de fatigue. Si l'autre est gêné par le bruit, on peut envisager, ce n'est pas un drame, de faire chambre séparée pendant quelque temps.

Je situe le moment où je m'attache à ma fille de manière inconditionnelle à la tétée de la nuit qui suit sa naissance. Ce soir-là, nous sommes seules, elle et moi. En lui donnant mon sein, je me sens unie à elle pour la vie. Je la regarde avec une grande attention, et dès lors je la reconnais comme étant mon enfant. Je lui dis : « Alors, c'est toi ma fille ? Eh bien, c'est moi ta maman, et je t'aime déjà très fort ! » En l'allaitant, je lui donne la vie, je lui donne de ma vie. Personne d'autre que moi ne peut le faire. Cela m'aide dans mon cheminement maternel, car je trouve alors ma pleine place. Je suis une maman qui éprouve du bonheur à assumer son enfant, et je ne veux pas déléguer ce premier soin si vital.

Mon mari m'entoure beaucoup à mon retour à la maison. Il me chouchoute et je me sens bien. Bien que je sois très fatiguée, quinze jours après l'accouchement, je décide d'aller m'acheter un soutien-gorge d'allaitement. Le magasin est à moins de cinq cents mètres de chez moi, pourtant je ne suis pas sûre d'y arriver... En passant la porte de la boutique, je dois demander une chaise tellement j'ai du mal à me tenir debout. J'admire les mères qui, sitôt sorties de la maternité, recommencent à conduire leurs aînés à l'école. Comment font-elles ? Et, surtout, comment font celles qui sont dans le même état que moi après un accouchement difficile ?

Pendant les mois qui suivent, je fais connaissance avec mon bébé. Le premier sourire qu'elle m'adresse, à trois semaines, me fait chavirer. Je suis très émue, les larmes me montent aux yeux. Le souvenir de ce petit moment hors du temps est toujours présent aujourd'hui. Durant ma grossesse, j'avais prévenu mon entourage que mon bébé serait laid, braillard, qu'il dormirait et mangerait mal. C'était ma manière de me préparer à ne pas avoir l'enfant parfait. Mais ma fille est plutôt jolie, et c'est un bébé facile (si l'on excepte les coliques du nourrisson). À chaque tétée, je la regarde intensément. La magie est totale. Je suis fascinée par cette bouche qui avale goulûment, à grandes lampées, ce que mon corps fabrique pour elle.

Les petites fragilités

Trois mois après la naissance, alors que tout se passe bien pour moi au niveau familial et dans ma vie sociale, je commence à me sentir submergée par l'émotion dès qu'on me demande comment je vais, et je cherche à toute force à contenir mes larmes. Cela dure plusieurs mois. Je refuse les médicaments que me propose mon médecin généraliste, car il faudrait alors arrêter l'allaitement. C'est finalement un traitement homéopathique qui me redonne de l'énergie. Je ne sais pas vraiment comment sont nées ces larmes : elles sont simplement venues puis reparties.

Vers 4 mois, il faut donner à Charlotte le premier biberon en complément car elle ne grossit plus assez. Moment difficile. Je me bats pour prolonger l'allaitement : je rencontre des femmes de la Leche League, je me documente. Mon médecin est assez ouvert, contrairement à d'autres. Il comprend ma position et accepte que je continue d'allaiter. Nous nous voyons donc très régulièrement pour surveiller le poids de ma puce et ne pas mettre sa santé en danger. Elle reste bien éveillée, communique beaucoup, et son périmètre crânien se développe normalement. Ces quelques semaines supplémentaires d'allaitement exclusif me préparent psychologiquement à la nécessité de passer progressivement au biberon. Certes, je suis déçue de ne plus suffire aux besoins alimentaires de Charlotte, mais je ne suis pas blessée. Mon mari, intelligemment et gentiment, ne cherche pas à me forcer à lui donner l'enfant pour qu'il me relaie avec le biberon. J'ai besoin d'un petit peu de temps pour accepter l'idée de partager cette tâche avec lui.

Au deuxième biberon, je suis prête. De toute façon, il va bien falloir que je laisse mon mari prendre un peu de place aux côtés de sa fille. Je suis sereine car j'ai le sentiment d'avoir fait ce qu'il fallait. Je rencontre de nombreuses mères qui sont contraintes par leur médecin d'arrêter l'allaitement en raison de la faible prise de poids du bébé. Mais il faut savoir que les courbes de croissance sont construites à partir du poids de bébés nourris exclusivement au biberon ! Un bébé nourri au sein a peu de chances de se développer de la même manière. Pauvres bébés… Pauvres mamans…

Pendant presque un an, je vis dans la crainte diffuse que quelqu'un vienne, un jour, sonner à ma porte en me disant : « Merci de l'avoir gardée, je la récupère », comme si j'étais juste la baby-sitter. Mon attachement profond à Charlotte ne m'empêche pas de douter parfois que je suis bien sa maman. Être mère est tellement incroyable ! Je suis toujours aussi étonnée qu'elle ne me ressemble pas davantage, et je suppose que cela contribue au fait qu'elle me reste un peu « étrangère ». Je trouve aussi quelque peu déconcertant qu'il suffise de porter un enfant pour en devenir responsable, et que personne ne vienne me demander des comptes. Dans la vie, il y a toujours quelqu'un qui donne une note, une promotion, un blâme, une contravention… Là, je pourrais faire presque tout ce que je veux, personne n'en saurait rien. C'est un largage en pleine mère, et j'en ai le vertige. Et si cette impression bizarre de ne pas être la mère avait son origine dans les circonstances de l'accouchement ?

Je n'ai pas accouché de mon bébé, on me l'a tiré du ventre. D'autres personnes ont agi à ma place. C'est comme si elles n'avaient pas eu besoin de moi pour faire naître Charlotte. Mon sentiment de ne pas être tout à fait sa mère vient sans doute de là. Comment la mère peut-elle naître si ce n'est pas la femme qui accouche ? Je crois fermement que l'allaitement m'aide à me réapproprier cette place de mère. Chacun doit se trouver quelque chose pour compenser ce que le corps médical n'aura pas pu « réparer ».

Reprise de mon emploi d'éducatrice

Je reprends mon travail à mi-temps alors que Charlotte est âgée de 6 mois. Mon mari m'y encourage fortement, et je crois qu'il a raison. C'est vrai que je trouve le temps long à la maison : Charlotte dort très bien en journée, et je ne m'autorise pas à troubler son sommeil pour me déplacer. La solitude me pèse. Un premier enfant entraîne une rupture majeure dans le rythme de vie. L'école et son lot de rencontres ne sont pas encore à l'ordre du jour. Il est donc difficile de se lier et d'étoffer son réseau. Quant aux amies, elles sont au travail, pour la plupart.

Avec la reprise, je découvre le rythme entre le boulot, la famille, les trajets, les courses... C'est fatigant, et j'ai toujours l'impression que c'est plus facile pour les autres.

En même temps, je vis la joie de me déplacer avec mon petit trésor. Je ne me lasse pas de la présenter. Je suis étonnée par la gentillesse des gens. Nous recevons beaucoup de cadeaux pour Charlotte, et je les prends toujours comme s'ils m'étaient destinés. Notre fille nous accompagne lors de nos sorties. Un seul bébé, c'est tellement simple ! Il n'y a pas de problème logistique lourd. Il faut dire que le garde-manger est toujours à portée de main ! Une poussette équipée d'une nacelle, une couche, et nous allons partout.

Pourtant, je me prive souvent de moments de tendresse avec Charlotte sous le prétexte de bien l'élever. Ainsi, elle ne s'endort jamais sur moi ou n'y reste pas longtemps : un enfant doit dormir dans son lit ! Aujourd'hui, je crois que je reverrais mes exigences à la baisse...

Les mois passent. Nous sommes de plus en plus amoureux de notre enfant. Je nous revois au-dessus de son berceau, totalement liquéfiés de bonheur en la contemplant. Nous apprécions tellement la paternité et la maternité que nous éprouvons rapidement l'envie d'agrandir la famille. Je freine un peu mon mari : il n'est pas question que je sois enceinte et malade au mariage de mon frère ! Je tombe enceinte la semaine qui suit. Charlotte a 13 mois, elle commence tout juste à marcher.

Pourquoi une grande famille ?

La question d'une famille avec plusieurs enfants ne se pose pas vraiment à mon mari et moi. Nous sommes d'accord sur le fait d'en avoir trois ou quatre, voire plus si les conditions que nous jugerons nécessaires sont réunies. Nous n'allons pas non plus attendre trop longtemps avant de nous lancer, car Jérôme a déjà 35 ans quand nous nous marions. Par ailleurs, nous venons tous deux de familles dites « nombreuses » : chez Jérôme il y a quatre enfants, et chez moi cinq, ce qui n'est rien par rapport aux familles nombreuses de la génération précédente (ma mère est la dernière d'une fratrie de quatorze, mon père le dernier d'une fratrie de six). Pour nous, il va donc de soi d'avoir des enfants. Du moins en théorie ; la pratique doit se confronter à la réalité !

J'ai longtemps eu l'impression que seule ma sœur me transmettait son savoir sur les bébés. Elle est infirmière et avait déjà trois enfants quand je suis tombée enceinte de mon aînée. C'est elle que j'appelle quand j'ai une question. Ma maman n'a pas pu me conseiller sur l'allaitement, l'ayant peu pratiqué. À son époque, il n'était pas franchement à la mode. De même, le matériel de puériculture a énormément évolué depuis ce temps-là.

Mais, à la réflexion, je ne suis pas si démunie. Je connais déjà bien des choses sur les enfants, et depuis longtemps. Mon histoire familiale m'a fourni un précieux « savoir ». J'ai été élevée dans une famille avec beaucoup d'enfants. J'ai donné des biberons, changé des couches, passé de nombreuses heures à jouer avec mes petits frères et à les éveiller. Pour moi, un bébé, c'était mignon, drôle, affectueux… juste une part de la réalité, en somme !

J'ai aussi longuement observé mes grandes cousines. Sans le savoir, elles m'ont beaucoup appris. Du seul côté de ma mère, nous sommes une cinquantaine de cousins germains, sans compter les conjoints. J'ai toujours eu du mal à concevoir l'idée d'une famille qui n'offrirait pas une telle richesse de références. En effet, si la « normalité » se conçoit d'abord par rapport à soi, on a besoin des autres pour se construire des repères. Je suis sidérée quand je croise des mères qui me disent que leur bébé est le premier enfant qu'elles tiennent dans leurs bras ! Où sont leurs repères ? Leur propre mère est-elle leur seule référence ?

Mon désir d'enfant remonte à l'âge de 15 ans. J'ai vu la plupart de mes amies se marier jeunes et agrandir rapidement leur famille. Devenir mère était pour moi capital, vital. Je ne pouvais pas imaginer une vie sans enfant. Je rêvais que quelqu'un me dise « maman ». Profondément, j'aspirais à cet attachement extraordinaire qu un petit développe vis-à-vis de ses parents. Ce lien de dépendance me plaît car il nous rend unique et indispensable pour quelqu'un. Au risque de choquer, je dirais même que c'est sans doute pour cette raison que, avant d'avoir des enfants, j'ai toujours eu un animal domestique. Pour pouvoir vivre, j'ai besoin d'être tournée vers quelqu'un d'autre que moi.

Un test et puis c'est tout

Deux bonnes nouvelles en une

Le jour où un test m'apprend ma deuxième grossesse, mon frère m'appelle pour m'annoncer l'euthanasie du chien de mes parents, auquel je suis très attachée. Mon mari, Charlotte et moi sommes alors en vacances chez mes beaux-parents. La joie de ma nouvelle grossesse se mêle à la tristesse que provoque cette fin stupide. Je me dis : « Ils ne sont pas au courant, mais franchement on ne fait pas ça à une femme enceinte ! » Je tombe parfois dans la démesure et dans une absence d'objectivité. Ce chien était malade, et il valait mieux lui épargner de plus amples souffrances.

Très rapidement, mon ventre grossit. J'ai des absences un peu bizarres et des oublis pour le moins inhabituels. J'avais observé aussi des changements de comportement quand j'étais enceinte de Charlotte, mais pas à ce point-là. Paradoxalement, en revanche, je suis très peu nauséeuse, alors que j'avais eu l'impression de vivre avec une gastro-entérite permanente pendant les trois premiers mois de ma précédente grossesse.

Nous rejoignons ma famille à la campagne pour une semaine. Je suis fatiguée, mais je me garde de le montrer pour ne pas éveiller les soupçons. Nous avons programmé une après-midi « accrobranche », il n'est pas question de l'annuler. J'ai bien fait du trapèze volant alors que j'étais enceinte d'un mois de Charlotte, et, comme me l'avait dit une maman ce jour-là : « Si ce bébé doit se décrocher, ça n'y changera rien ! »

Je garde le secret pendant quatre semaines environ, mais très vite mon mari et moi avons envie de partager la bonne nouvelle, et je l'annonce à mes parents, frères et sœurs. Beaucoup pensent qu'il vaut mieux ne rien dire avant la première échographie. Personnellement je ne suis pas de cet avis. Je n'ai pas fait de fausses couches (à ma connaissance), mais il me semble que, si cela m'était arrivé, le fait de ne pas être entourée et que personne ne prenne part à ma peine aurait ajouté à ma tristesse. Alors, autant faire connaître la grossesse quand on en a envie !

Pour avoir une confirmation, je prends rendez-vous chez le gynécologue. Je n'y vais jamais en temps normal, mais c'est une bonne occasion. De plus, mon mari peut se rendre disponible ; son emploi du temps est allégé au mois d'août. Nous nous rendons donc à la consultation, notre fille sous le bras.

Le médecin m'examine d'abord seule, puis il propose à Jérôme de nous rejoindre pour l'échographie. Il annonce : « Il y a une petite surprise ! » Comme il n'a pas l'air inquiet, je conclus à un souci mineur, du genre de ceux qui se résolvent tout seuls avec le temps. Je vois bien à l'écran deux petites masses, mais je les prends pour les deux bouts du « haricot ». Je me rends compte de ma méprise quand le gynécologue ajoute : « Il y a deux embryons. »

Tout a été dit très vite. La nouvelle dépasse mon entendement, je n'arrive pas à envisager une grossesse multiple. Je m'entends encore dire à une amie parlant de la probabilité qu'elle ait des jumeaux : « Alors ça, ça ne risque pas de m'arriver ! » Il n'y a aucun cas dans ma famille, et seulement des faux jumeaux chez des cousins de mon mari. Nous, ce sont des vrais. Un hasard de la nature, en quelque sorte.

Quand nous comprenons enfin, un large sourire s'épanouit sur nos deux visages et des larmes nous montent aux yeux. Le médecin nous met tout de suite en garde : « Il est très fréquent que l'un des deux embryons disparaisse, et ce sont des grossesses à risque. » Et voilà, à l'annonce de la vie se mêle déjà celle de la possible mort. Pas question ! me dis-je. On m'annonce deux bébés au départ, j'en veux deux à l'arrivée ! Mais je me sens impuissante à protéger ce petit début de vie en moi.

Une fois sortis du cabinet, nous restons longuement assis dans la voiture, sans démarrer. Nous sommes sidérés. Impossible de garder cette nouvelle pour nous. Jérôme, qui repart travailler immédiatement, la partage avec ses collègues. De mon côté, je rencontre une amie quelques jours plus tard et je ne peux pas me retenir non plus.

L'annonce officielle à la famille suit rapidement. Nous leur disons que nous avons deux bonnes nouvelles. La plupart comprennent que je suis enceinte, mais peinent à deviner la deuxième nouvelle : une grossesse gémellaire, cela ne va pas de soi ! Les réactions sont très variées : il y a ceux qui se réjouissent avec nous, ceux qui nous demandent comment nous vivons cette annonce, ceux enfin qui prennent un petit air navré et nous plaignent très fort. Ceux-là, nous les comprenons mal. Nous, nous sommes sur un petit nuage. Je me sens un peu unique et j'aime ce sentiment. Je porte deux vies : c'est extraordinaire ! Parfois, je me demande à quel point ce désir d'être différente, de me démarquer des autres, peut influer sur mon corps. Ne s'agit-il que d'un hasard de la nature ? La réponse n'existe sans doute pas, ou en tout cas je préfère ne pas la connaître !

L'incrédulité

J'ai quand même beaucoup de mal à croire à ce qui m'arrive : j'attends deux bébés en même temps ! Cela influe sur mon état général et je suis souvent « ailleurs », plongée dans une sorte de dialogue intérieur pour tenter de réaliser. Une foule de questions me taraudent : comment vais-je pouvoir faire tenir en moi deux enfants ? Je ne suis pas très grande et j'ai déjà atteint des proportions assez impressionnantes lors de ma première grossesse. Combien de kilos vais-je prendre cette fois-ci ? Mon ventre va-t-il résister ? Est-ce que je pourrai marcher jusqu'au bout ? Comment vais-je faire pour les allaiter ?

J'ai aussi un peu l'impression de jouer un « sale tour » à mon aînée. J'ai peur que les deux bébés prennent toute la place. Pourrai-je encore porter ma petite fille dans mes bras pour lui faire des câlins ? Vais-je seulement réussir à aimer ces deux enfants autant qu'elle ? Elle est tellement unique et précieuse à mes yeux qu'avoir d'autres enfants me paraît lui faire concurrence. Et comment va réagir mon mari ? Va-t-il se montrer à la hauteur ?

Ces interrogations reviennent sans cesse, mais je les chasse, car elles m'encombrent l'esprit, et je sais que je ne trouverai les réponses qu'avec la pratique. Cependant, l'anticipation m'aide également à me projeter, à imaginer notre future vie ; j'en retire un certain apaisement. Cette démarche m'a de nombreuses fois aidée à passer des caps difficiles ; c'est ainsi que je m'« autorégule ».

Perdre l'un des bébés ?

La crainte de perdre l'un des jumeaux est présente en permanence. Nous avançons de semaine en semaine en nous demandant si, à la prochaine échographie, tout ce petit monde intérieur sera encore là. Nous sommes surveillés de très près. Surtout eux, en fait. Moi, on s'inquiète rarement de savoir comment je vis les choses.

Vers le quatrième mois, les spécialistes détectent ce qui pourrait être un début de syndrome transfuseur-transfusé. Or nous avons prévu de partir en Égypte pour rendre visite à une amie. Les billets sont déjà achetés et nous ne pouvons pas obtenir de remboursement : les grossesses multiples ne font pas partie des cas d'annulation prévus par les assurances, à moins d'une hospitalisation, qui n'est pas à l'ordre du jour. Contre l'avis de presque tous, nous maintenons notre voyage, mais en prenant toutes les précautions pour qu'il se déroule dans les meilleures conditions possibles. Nous avons absolument besoin de ce moment tous les trois. Depuis la naissance de notre fille, nous n'avons pas vraiment eu l'occasion de prendre des vacances. Et je sais qu'après l'arrivée des jumeaux il faudra attendre plusieurs années avant de pouvoir voyager loin. Je veux profiter de cette opportunité. Céline est une très bonne amie et je lui ai promis cette visite de longue date. Je ne peux pas revenir là-dessus – même si je sais qu'elle aurait tout à fait compris si nous avions dû annuler, étant donné les circonstances. Avec le recul, je ne regrette rien. Ce changement d'air nous a fait beaucoup de bien.

De retour de voyage, les examens sont bons. Mais à chaque rendez-vous les médecins me répètent qu'il est toujours possible que l'un des fœtus cesse sa croissance. Comme s'ils voulaient s'assurer que je ne viendrais pas dire qu'on ne m'avait pas prévenue ! C'est terrible de vivre de longs mois avec l'idée que la vie peut s'arrêter à tout moment. S'il y a un problème, je ne le sentirai pas forcément. Jérôme et moi comprenons qu'il n'y a pas grand-chose que nous puissions faire. J'ai hâte que les jumeaux soient enfin nés pour pouvoir m'occuper d'eux.

En attendant, j'ai l'impression de n'être qu'un incubateur à bébés, impression renforcée par le fait que l'attention du corps médical se porte exclusivement sur le développement des enfants, au mépris de mes propres états d'âme.

Nouveaux enfants, nouveau logement !

Après la naissance de Charlotte, nous avons acheté une maison. Je suis tombée enceinte quelques semaines après la signature.

Il y a beaucoup de travaux à faire avant de pouvoir emménager, et ils avancent lentement : pas facile pour un homme qui travaille à plein-temps et une femme enceinte avec une fillette de 16 mois. L'électricité est déléguée à des professionnels, mais nous nous rendons compte que, si nous ne sommes pas sur place, les choses traînent. Face à l'ampleur de la tâche, la famille et les amis viennent à la rescousse. Dans l'intervalle, nous logeons chez mes parents, et la cohabitation avec eux devient compliquée.

Au bout de quatre mois, nous nous installons dans notre nouvelle maison. Il n'y a pas d'eau chaude ni de chauffage, tout est en chantier. Nous vivons dans une seule pièce. Mais le moral est bon. Nous sommes chez nous. Nous allons tous bien. Nous avons des projets plein la tête.

Ma grossesse progresse très vite. À 6 mois, les gens me disent : « Alors, c'est pour bientôt ? » Je participe quand même à la rénovation de la maison. D'abord, il faut choisir les papiers peints et la couleur des murs. Je rentre épuisée des expéditions dans les magasins avec ma fille. Ensuite, il faut peindre, tailler, poser… Comme je ne tiens pas longtemps debout, je m'occupe des plinthes, assise par terre. Je déballe les cartons au fur et à mesure que les pièces sont terminées.

Nous savons que ce sont des garçons. Je crois que c'est le plus beau cadeau que nous puissions faire à mon beau-père : il est d'une famille où il n'y a qu'un seul garçon pour plusieurs filles à chaque génération. Même si deux petits-fils portent déjà son nom, nous doublons d'un seul coup la capacité de la famille à le transmettre. Il est le seul à connaître le sexe des jumeaux avant la naissance, et c'est lui qui vient tapisser la future chambre de sa descendance.

Je suis fatiguée, mais heureuse. Je passe beaucoup de temps allongée sur mon canapé à penser. J'essaie d'imaginer quelle va être notre vie dans quelques semaines. Je veux que ces enfants bénéficient des mêmes conditions que leur aînée, qu'ils soient respectés dans leur individualité, comme s'ils étaient seuls. Je ne conçois pas de les « caler » sur un rythme préétabli. Lequel, d'ailleurs ? Le mien ? Celui de l'un des deux ? Celui des bonnes idées des médecins ? Charlotte a très bien su m'apprendre à répondre à ses besoins. Je ferai pareil avec eux.

Je veux les allaiter. J'accepte que ce soit difficile. J'accepte le manque de sommeil. Je m'adapterai aux circonstances le moment venu. Et au diable tous ceux qui se croient obligés de me dire comment m'organiser, ou qui essaient carrément de me décourager. Je passe un peu pour une extraterrestre, même dans nos familles : « Des jumeaux, tu ne vas pas les allaiter, quand même ! » Mais si, je vais essayer ! C'est assez facile pour moi de tenir tête, j'ai toujours eu un petit côté rebelle. Rien ne m'agace plus que les gens qui suivent des idées reçues sans jamais se demander si elles leur conviennent ou s'ils ne pourraient pas, le cas échéant, modifier les choses.

Je réfléchis aussi à la manière dont je vais installer les garçons dans leur chambre. On entend souvent qu'il faut séparer les jumeaux. Pour ma part, je vais procéder doucement, par étapes. Pourquoi séparer brutalement ceux que la nature a réunis dans mon ventre ? Je vais faire les choses comme je les sens, c'est-à-dire en tirant les leçons de l'observation de mes bébés.

Le compte à rebours

Quatre jours avant leur naissance, ma fille, qui a 20 mois, me fait une crise magistrale, comme elle n'en a jamais fait. Au réveil de sa sieste, elle se met à crier, à pleurer, à se débattre, à arracher ses vêtements. Elle en sort épuisée, et moi désemparée. Je ne comprends pas bien ce qui lui arrive. Je suppose qu'elle ressent fortement ce qui se prépare. Elle voit que sa maman ne peut plus la porter convenablement, doit s'asseoir tous les cent mètres en balade, ne lui court plus après... Pour atteindre mon visage, il lui faut escalader mon énorme ventre ; c'est un vrai obstacle pour elle. Un jour, elle relève mon tee-shirt et tape de toutes ses forces sur mon ventre. Nous lui avons expliqué que je porte deux bébés et que ce sont ses petits frères. Nous lui montrons régulièrement des nourrissons autour de nous pour qu'elle puisse s'en faire une représentation. Mais, à 20 mois, on est encore bien petit pour comprendre tout ça !

Le mardi qui suit cette crise, je me rends au CHU : j'ai l'impression que l'une des poches des eaux fuit. Depuis quelques jours, je suis par moments non pas inondée, mais anormalement mouillée. L'examen n'est pas franchement positif ; les médecins pensent qu'il y a peut-être une fissure. La sage-femme m'annonce avec un grand sourire qu'ils vont me garder et déclencher la naissance le soir même ou le lendemain matin. Je fonds en larmes : il n'en est pas question ! Je ne suis pas prête. Je veux voir ma famille avant d'accoucher. Je veux dire au revoir à ma fille. Et, par-dessus tout, JE NE VEUX PAS être « déclenchée » ! La sage-femme ne comprend pas, elle n'est pas contente et ne le cache pas. Devant mon obstination, elle appelle le gynécologue. Celui-ci accepte de me laisser repartir, avec des antibiotiques pour éviter toute infection, et nous convenons de nous revoir le jeudi suivant si rien n'a bougé.

Je rentre chez moi apaisée, mais navrée de n'avoir pas été comprise. Heureusement, je retrouve avec bonheur mon mari et ma fille. Je préviens ma mère que la naissance est pour bientôt. Elle accepte de venir garder Charlotte, de jour comme de nuit, dès que le travail aura commencé.

Dans la nuit du mercredi au jeudi, je perds les eaux d'une des deux poches. Ça y est, c'est la fin de la grossesse ! Je suis contente et sereine. Cela fait des semaines que mes nuits sont hachées. Je respire mal à cause du volume utérin qui compresse mes poumons. Les bébés sont à 36 semaines et 2 jours, ce qui est tout à fait correct pour des jumeaux. Les dernières échographies ont montré qu'ils avaient tous deux la tête en bas et que chacun se développait aussi bien que s'il était seul. Je ne suis pas inquiète.

Je découvre avec émotion les étapes d'un accouchement ordinaire pour une naissance extraordinaire. Il est 2 heures du matin. Je me lève, je prends une douche, je rajoute dans ma valise quelques petites douceurs pour mon mari en prévision des longues heures d'attente. Puis je change tranquillement la litière de mon furet. Enfin, je réveille Jérôme et appelle ma maman. Après un dernier bisou à mon petit trésor endormi, nous quittons la maison. Nous arrivons à la maternité vers 6 heures.

C'est l'heure

Nous avons pris notre temps, mais je n'ai encore aucune contraction. J'espère que ça va venir. À la maternité, on nous fait remarquer que les femmes qui perdent les eaux sont censées arriver dans les deux heures... Une sage-femme m'ausculte. Sitôt rhabillée, je ressens les premières douleurs. On nous conduit dans une chambre. J'ai du mal à marcher et je m'arrête souvent. J'ai l'impression de vivre mon premier accouchement, ça me fait rire.

Une autre sage-femme passe nous voir peu après et nous dit qu'il y en a pour un moment, que le travail ne fait que commencer. Nous restons seuls. J'ai de plus en plus mal, et aucune position ne me convient. Je veux aller aux toilettes : pas possible. Je me rassure en me disant que c'est normal, un accouchement, c'est douloureux, et nous n'en sommes qu'au début...

Et puis, rapidement, ça devient vraiment terrible, et personne ne vient nous voir. Je commence à stresser. J'envoie Jérôme chercher quelqu'un, il revient bredouille. Les couloirs sont déserts. Il est environ 7 h 30. Je me fâche et je lui demande de réessayer : il faut que quelqu'un s'occupe de moi, j'ai très, très mal, et je ne sais pas du tout si c'est normal ou si cela veut dire que je suis prête à accoucher. Enfin, Jérôme ramène une sage-femme. Elle m'ausculte, et là, branle-bas de combat : je suis à 8 centimètres de dilatation, il est temps de m'emmener en salle d'accouchement.

On m'installe et je demande l'anesthésiste. La sage-femme de la veille – celle qui voulait que je reste pour être déclenchée – entre dans la pièce, me reconnaît et ne trouve rien de mieux à me dire que : « Vous vouliez un accouchement normal, vous devez être contente ! » Quelle idiote ! Est-ce si aberrant d'avoir envie d'accoucher le plus naturellement possible ? N'a-t-on pas le droit de décider à quel moment on a besoin d'aide ? Elle ne sait rien de ma vie et se permet de me juger, de se moquer. Son ton est méprisant. Oui, ça me remplit de bonheur de vivre les choses telles que la plupart des mamans les racontent. Non, je n'aime pas avoir mal, mais la douleur n'est pas forcément destructrice si elle est acceptée et prise en charge.

L'anesthésiste commence enfin son intervention. Elle ne réussit pas à poser la péridurale car je suis assise de travers. Je suis mal installée, je le sens bien, mais je suis incapable de me décaler, même légèrement : trop lourde, trop mal ! Je l'entends fulminer dans mon dos : « Pourquoi ne m'a-t-on pas prévenue plus tôt ? Je ne vais jamais y arriver ! » Alors que jusqu'à maintenant je suis à peu près parvenue à contenir ma douleur et mon angoisse, me voilà prise de panique. Je me mets à pleurer : deux bébés à sortir sans péridurale, ça n'est pas possible. Le gynécologue qui m'a suivie m'a assuré que je serais prioritaire. Je supplie l'anesthésiste d'insister.

Au bout de trois quarts d'heure passés courbée en avant, comme peut le faire une petite femme avec un très gros ventre, je suis épuisée. La péridurale est posée. J'ai la nausée. Cette fois-ci, je ne me retiens pas : je demande le haricot en le montrant du doigt.

Les gens sont gentils. Il y a beaucoup de monde dans la pièce. Le mot « intimité » n'a plus aucun sens. Depuis le début de cette grossesse, j'ai l'impression d'être une espèce de chose que l'on observe, que l'on surveille ; l'important, ce sont les bébés, pas moi.

Cette intrusion dans mon intimité a été flagrante dès la première visite chez le gynécologue du CHU en charge de mon « dossier », quand celui-ci m'a demandé de me mettre toute nue. Je voulais savoir pourquoi. « J'ai une meilleure vue globale », avait-il affirmé. Hum... Je lui avais fait remarquer que je trouvais ça désagréable. Psychologiquement, c'est très différent de pouvoir garder son tee-shirt, même si on le soulève pour l'examen. D'ailleurs, au rendez-vous suivant, je ne lui ai pas demandé son avis et je l'ai gardé.

Son cabinet était agencé en dépit du bon sens. Le bureau était grand, mais la pièce contiguë prévue pour le déshabillage, équipée de toilettes, était minuscule. J'ai eu du mal à m'y mouvoir avec mon gros ventre. De plus, la table d'examen était située juste en face de la porte d'entrée. C'était très agréable pour la femme qui avait les jambes écartées ! Lorsque je lui ai fait remarquer qu'il pourrait installer un paravent, il m'a conseillé d'écrire à la direction de l'hôpital. Au confort de qui a-t-on pensé en aménageant les lieux ? Celui du gynécologue ou celui des futures mères ?

Enfin, la péridurale fait son effet. La douleur disparaît, je m'apaise. Ouf ! Il me faut encore supporter les multiples examens pour mesurer le col. On m'a prévenue qu'à l'hôpital il y aurait des étudiants. Le personnel me demande toujours si je suis d'accord pour être examinée par eux. J'accepte car je sais que c'est important pour leur formation, mais ces manipulations m'insupportent. Chaque fois, j'ai envie de leur dire : « Mais je vous en prie, mettez donc les doigts ! Moi, je ne suis pas grand-chose… »

À 11 heures, les enfants sont prêts à naître. Malheureusement, on m'explique qu'il y a d'autres accouchements en cours qui se passent mal. La salle se vide d'un coup, il va falloir patienter.

La naissance

Tout ce petit monde revient une heure plus tard. Nous sommes très nombreux. J'ai bien dit à la sage-femme que je veux qu'elle m'explique tout ce qui se passe et qu'elle soit très claire dans ses demandes. Nous avons eu le temps de discuter un peu ensemble ; elle est jeune, attentive et gaie. Elle me rassure. Cette fois, je sais quoi faire ; j'écoute bien ses conseils, mes yeux sont grands ouverts. J'attrape mon premier bébé sous les bras pour le hisser jusqu'à moi. C'est super ! Il s'appellera Rémy. On me le retire déjà, son petit frère se présente. Je mets toute mon énergie à le faire naître. Je pensais que ce serait plus facile pour le deuxième. L'anesthésie est efficace, mais je n'irais pas jusqu'à dire que je ne sens rien… Je me calme et me concentre sur ce que je dois faire. À peine la tête dehors, le voilà qui ouvre tout grand la bouche pour crier. Lui aussi, je l'attrape et l'amène à moi. Il s'appellera Cyril.

C'est à peine croyable : j'ai donné naissance à deux beaux bébés. Tout le monde dans la salle est heureux, on me félicite. Il n'y a eu aucun souci particulier. C'est même la stagiaire sage-femme qui m'a accouchée de Cyril. Elle est ravie, c'est sa première naissance gémellaire et elle ne pouvait rêver plus bel accouchement. Jérôme est resté avec moi tout le temps. Nous sommes sans voix. Nous nous regardons, lui et moi, et nous regardons nos enfants. Ils font 2,7 et 2,74 kilos. C'est très bien. Pourtant, ils me paraissent tout maigrichons par rapport aux presque 4 kilos de Charlotte. En les regardant, je suis une nouvelle fois très surprise de ne pas les reconnaître. Comme si je m'attendais encore à avoir des « mini-moi ». Je les ai imaginés pendant toute ma grossesse, et malgré cela leur visage m'est inconnu. C'est surtout le cas de Rémy ; Cyril correspond un peu plus à l'image que je me faisais de lui. C'est d'autant plus surprenant que ce sont quand même de vrais jumeaux ! Je les perçois immédiatement comme deux petits êtres bien distincts l'un de l'autre, et non comme un « tout ».

De même que je l'ai fait à la naissance de Charlotte, je demande à voir le placenta et les poches. C'est le lieu de leur première habitation. J'ai toujours rêvé de voir une naissance « en vrai », alors je profite de mes propres accouchements pour essayer de comprendre la magie de Dame Nature !

La séparation

Très vite, la réalité reprend le dessus. Rémy est tout gris, Cyril très rouge. Et ils ont la poitrine qui se creuse à chaque respiration. Les pédiatres les emmènent en néonatalité, Jérôme les suivant tant bien que mal. Je suis confiante, je ne crois pas qu'un problème grave puisse survenir. J'ai le sentiment d'avoir « bien travaillé », je suis reconnaissante à mon corps d'avoir mené à bien cette grossesse. Maintenant, je m'en remets aux médecins. Quoi qu'il arrive, je suis sur mon nuage.

Cet accouchement a largement « réparé » le précédent. J'ai de la chance de ne pas avoir à en passer par la césarienne. Lors des accouchements de jumeaux, il est fréquent que le premier enfant naisse par voie basse et que le deuxième, ayant alors toute la place, se mette en travers, obligeant à césariser. Je suis un peu déçue de ne pas pouvoir mettre mes bébés au sein, mais je vois bien que là n'est pas la priorité. Il y a un problème respiratoire à gérer.

Jérôme fait des allers et retours entre la néonatalité et la maternité pour me tenir au courant. Les informations sont confuses. Il semblerait qu'il y ait eu un échange de flux sanguins entre les jumeaux ; l'un s'est retrouvé avec trop de globules rouges et l'autre pas assez, d'où leur couleur. Cela n'est pas très bon. Pourtant, je ne m'inquiète toujours pas. Je m'enquiers seulement de la façon dont mes bébés sont nourris. On me dit qu'ils n'ont besoin de rien. Cela m'étonne, mais je me tais.

Jérôme repart en fin de journée. Je reste seule. Je me sens mal. Ma famille ne peut pas être plus éclatée : Charlotte dort chez mes parents, Jérôme est chez nous, Cyril et Rémy sont en néonatalité, et moi dans un autre service. Mes jumeaux ne sont même pas dans la même couveuse, et ça me fend le cœur. Je les imagine, seuls, sans la présence rassurante de l'autre. Je ne peux pas aller les réconforter : je ne tiens pas debout, et personne ne me propose de m'y emmener. Cette première nuit est difficile. Gros coup de cafard.

Le lendemain, on m'annonce mon transfert dans le « service kangourou », où les bébés vont me rejoindre. Enfin, je vais pouvoir les voir et les prendre dans mes bras.

La rencontre

On les sort de leur couveuse et on les met, nus, tout contre moi. C'est un grand moment d'émotion. Je peux les observer à loisir et les faire miens : deux petites souris blondes et adorables qui se ressemblent étrangement. La différence de couleur de peau persiste et cela m'aide à savoir qui est qui. Je repère aussi un petit trait sous le nez de Cyril. La forme de leurs yeux et de leur menton n'est pas la même non plus.

Je les aspire du regard. Je m'imprègne d'eux. Leur odeur est très particulière : ils sentent le petit Lu chaud. Un vrai délice tout doux ! Je peux les reconnaître les yeux fermés.

Deux enfants en même temps, comment est-ce possible ? Heureusement que je les ai vus naître, sinon je douterais qu'ils soient bien à moi. J'avais fait écrire dans mon dossier par le spécialiste qui me suivait que, en cas de césarienne, je tenais à ce qu'on baisse le champ opératoire au moment de l'extraction. Je m'étais renseignée et je savais qu'on ne pratiquait pas ce genre de choses au CHU. Je voulais que cette exception soit inscrite noir sur blanc et validée par LE spécialiste des grossesses gémellaires.

L'allaitement se met bien en route, même si mes bébés tètent moins vigoureusement que leur aînée. Malheureusement, Cyril perd du poids au-delà des 10 % autorisés, et je m'aperçois que le personnel lui donne des compléments au biberon sans m'avoir prévenue ni consultée. Je suis blessée et en colère. Alors comme ça, tant que je suis au CHU, je ne compte pour rien et eux ont le « pouvoir » ? Le minimum serait qu'ils m'exposent leurs arguments. Devant l'insistance des puéricultrices, je finis même par être obligée de donner moi aussi ces fichus biberons. Je trouve stupide qu'ils me mettent la pression de cette manière. Ne pourrait-on pas laisser un peu plus de temps à Cyril ? Ce lait sent la mauvaise soupe, c'est très désagréable.

D'ailleurs, dès le début, une partie du personnel a cru bon de me déconseiller d'allaiter les deux enfants, prônant un allaitement mixte. Pour un hôpital qui a le label « Ami des bébés », ce qui veut dire qu'il est censé encourager les femmes à allaiter et les accompagner dans cette démarche, c'est extrêmement surprenant. Qu'en est-il, alors, de ceux qui ne l'ont pas ! Ma colère est vive, et elle est intacte aujourd'hui. De plus, la formation des puéricultrices laisse à désirer. En une heure, je peux avoir trois avis contraires. Je finis par faire comme je l'entends. Je sais que je suis capable d'allaiter deux enfants : que l'on me fasse donc confiance ! C'est moi la mère, pas elles. Visiblement, j'en connais aussi long qu'elles sur le sujet.

J'ai conscience que le personnel médical souffre d'un manque cruel de moyens et de temps, mais je trouve qu'il faudrait aussi s'interroger sur la place qui est laissée à l'initiative des jeunes mères.

La grande sœur

Charlotte vient tous les jours. Les visites sont des moments difficiles, pour elle comme pour moi. Je vis la séparation comme un vrai déchirement. Son père s'occupe bien d'elle, mais...

comme un papa. Je me focalise sur des détails sans importance – par exemple, une tenue mal assortie –, et il n'en faut pas plus pour que j'aie l'impression que Charlotte est abandonnée. Je voudrais pouvoir prendre soin d'elle, or je suis loin. Une part de ma maternité est amputée. La tristesse m'envahit fréquemment quand je pense à elle, bien que j'essaie de me raisonner. Avec le conflit autour de l'allaitement, c'est une autre très bonne raison de rentrer chez moi au plus vite.

Nous avons essayé de lui présenter ses petits frères à travers la vitre des couveuses. Elle semble n'y prêter aucune attention. Cependant, son comportement général indique clairement qu'elle est perturbée. Pleine de colère et de désarroi, elle fait une vraie crise un jour à la maternité. Je ne sais pas comment intervenir pour la consoler. Je suis moi-même très fatiguée et je me sens totalement impuissante. Jérôme et moi nous mettons d'accord pour que les visites soient plus cadrées : peu de temps ensemble, mais des moments consacrés à elle seule. Les adieux ne s'éternisent pas. C'est mieux pour toutes les deux.

Rémy est le premier à sortir de sa couveuse. Une puéricultrice l'installe dans un berceau. Il me semble que l'heure est venue pour des présentations en bonne et due forme. Ma sœur porte Charlotte à la hauteur du bébé. Je suis censée rester à côté d'elle et anticiper ses réactions. Mais ma fille trompe ma vigilance et administre une claque magistrale à son frère, qui se met à pleurer. J'entends alors la petite voix de Charlotte : « Oh, il pleure, le bébé ! »

Il n'y aura pas d'autre épisode semblable, mais il devient urgent que je reprenne ma place de maman auprès d'elle. Je ne peux pas être une bonne mère loin d'elle. J'interroge chaque jour le personnel pour savoir quand nous serons autorisés à rentrer chez nous. Je veux réunir mon petit monde. Une tante de Jérôme qui a eu des jumeaux il y a trente-cinq ans m'appelle pour prendre des nouvelles. Elle n'a de cesse de m'encourager à rester le plus longtemps possible à la maternité, m'expliquant que le retour à la maison est pénible. Oui, oui, bien sûr, mais elle n'avait pas d'aîné quand elle a eu ses fils. Moi, je n'ai qu'une idée en tête : retrouver ma fille.

Le service kangourou : l'isolement

Dans le service kangourou, l'idée est que les mères dont les enfants ont besoin d'une assistance médicale puissent les garder auprès d'elles. C'est une bonne chose en soi. Mais, paradoxalement, cela isole énormément les mamans. Comme les visites ne sont autorisées qu'à partir de 16 heures, les journées paraissent extrêmement longues. De plus, c'est un véritable bunker : pour entrer, il faut montrer patte blanche. Il n'est pas permis d'être plus de quatre dans la chambre. Les enfants hors frères et sœurs ne sont pas admis. On n'a pas le droit non plus de sortir les bébés. Dans cet environnement déprimant pour les mères, tout est fait pour les nourrissons ; la maternité dans sa dimension psychologique n'est absolument pas prise en compte.

Il n'existe pas non plus de pièce où rencontrer les autres jeunes mères. Chacune a tout ce qu'il faut dans sa chambre pour la toilette de son petit. Pourtant, cela me rassurerait de pouvoir discuter avec elles, de regarder les autres enfants. Le tête-à-tête permanent avec son propre bébé peut vite devenir angoissant et faire perdre le sens de la réalité du monde extérieur.

Le passage par le service kangourou est donc une expérience hors du temps et hors du monde, où la mère est dépossédée de son pouvoir de décision alors qu'elle aurait justement besoin de prendre confiance en elle. La sortie est fixée principalement en fonction de l'état de santé de l'enfant, pas de l'état psychologique de la mère.

Un matin, une animatrice passe dans ma chambre pour me proposer la visite d'un clown avec sa guitare. Je refuse gentiment. Aujourd'hui encore, je ne me l'explique pas : il n'est pas du tout dans mon tempérament de me priver d'une petite récréation. L'après-midi, je regrette amèrement ma décision en l'entendant jouer dans le couloir pour tout le service. Mais je n'ose pas déranger quelqu'un pour le faire venir près de moi. J'ai peur de me mettre à pleurer. D'un caractère plutôt combatif, je me liquéfie complètement dans ce service où je ne maîtrise rien.

Je sais qu'il y a dans la chambre d'en face une maman de jumeaux qui n'a pas trop le moral. Après plusieurs jours de réflexion, je finis par demander à aller lui rendre visite. On me fait comprendre qu'il n'est pas question que je me présente spontanément. Le personnel se charge de lui transmettre ma demande, qui est acceptée. Je découvre qu'elle occupe depuis plus de trois semaines une chambre minuscule avec vue sur les toits, alors que moi, qui vais bientôt sortir, je dispose d'une chambre immense donnant sur la Loire. Ça me paraît aberrant ! Évidemment, un changement de chambre impliquerait des manipulations auxquelles le personnel n'a pas de temps à consacrer.

Les nuits sont terribles. Je sonne parfois pour qu'on me prenne mes jumeaux pendant quelques heures. Il est vital que je puisse me reposer avant de rentrer chez moi. La plupart du temps, la réponse est négative : il n'y a pas de nursery. J'ai envie de me fâcher très fort : leurs considérations matérielles sont peu de chose au regard de mon impérieux besoin de sommeil. Les puéricultrices ne sont-elles là que pour gérer les urgences ? Demain matin, quand elles rentreront se coucher chez elles, moi il faudra que je m'occupe des bébés. Les appareils auxquels sont reliés Cyril et Rémy sonnent sans arrêt ; le scotch qui maintient les scopes sur leur peau ne cesse de se décoller. Ça m'exaspère. L'une des puéricultrices est sympathique et compréhensive. Elle accepte d'emmener les berceaux dans sa salle de repos et de me les ramener quand les enfants ont faim. Je prie chaque soir pour qu'elle soit de service.

Dès les premières semaines, je me rends compte à quel point il est difficile de décider lequel des deux je vais nourrir en premier quand ils pleurent en même temps. Il faut bien choisir. Je voudrais être équitable, mais je me refuse à inscrire les ordres de passage pour m'en souvenir d'une fois sur l'autre. Il est illusoire de penser que je pourrai toujours faire exactement pareil pour l'un et l'autre.

Huit jours après la naissance, je peux repartir chez moi avec mes deux enfants. Je suis émue, mais pas triste comme je l'étais après la naissance de Charlotte. Cette fois-ci, j'ai hâte de rentrer. J'ai tellement de choses à reprendre en main.

Le programme mère

Doucement, la famille prend son rythme. De retour à la maison, ma première décision est d'arrêter les biberons pour Cyril. Il commence à avoir du mal à prendre le sein et je veux privilégier l'allaitement. Tout rentre dans l'ordre après quelques tétées. Je fais suivre leur poids, qui évolue normalement.

Ils prennent huit tétées quotidiennes en moyenne. Je limite le temps de la mise au sein ; quinze minutes d'allaitement plus quinze minutes pour les rots et changer la couche, soit un total de huit heures par jour, juste pour ce maternage élémentaire. Quand ils réclament en même temps et que les conditions le permettent, je les mets à téter ensemble. Je gagne alors un quart d'heure.

Je suis très contente de les allaiter. Pas de panne de lait, pas de poitrine engorgée, pas de coussinets d'allaitement car pas de fuites, pas de biberon à préparer, pas de lait ni d'eau à acheter. Nous partons en balade sans nous préoccuper de ce qu'il faut emporter. Notre chargement se résume souvent à deux couches et la poussette.

De plus, je ressens un grand bien-être intérieur au moment des tétées. Je suis sereine, calme. J'ai la conviction profonde de réaliser ce qu'il faut pour mes enfants, et cela ne me coûte pas. Je retrouve l'impression que j'ai eue avec Charlotte : mon amour coule dans mes enfants. Je les nourris de moi. C'est un sentiment d'autant plus fort qu'ils sont deux et qu'ils poussent à merveille. Je me sens une maman un peu extraordinaire, tout orgueil mis à part.

Dès que je m'installe pour donner le sein, ma fille surgit pour m'arracher le coussin sur lequel je m'appuie : « C'est mon coussouin ! » Je la ramène à moi avec des mots tendres et je récupère le coussin. C'est à peu près la seule manifestation de jalousie que je perçois. Charlotte est drôle et fait peu de bêtises. Souvent, je lui aménage une petite place contre moi pendant que les garçons tètent. Mes trois enfants sont alors réunis sur mon cœur.

Militante pour l'allaitement ? Militante pour le choix !

J'ai toujours eu du mal à concevoir que l'on puisse refuser d'allaiter. Je peux comprendre que l'on ne souhaite pas avoir d'enfant, mais difficilement que l'on ne veuille pas le meilleur pour eux une fois qu'ils sont là. Je m'autorise rarement à le dire ouvertement, car je ne veux pas que les femmes faisant ce choix, que je respecte, se sentent jugées, mais cela me questionne.

Je ne suis pas d'accord avec l'argument selon lequel un biberon est plus rapide qu'une tétée : mon expérience m'a prouvé le contraire. Un biberon implique d'aller acheter le matériel, de le préparer, de le donner au bébé puis de le laver. Avec l'allaitement, on soulève son tee-shirt et l'enfant fait le reste. Pour moi, le réel intérêt du biberon est de pouvoir déléguer cette tâche à autrui. Quand je discute avec des femmes qui hésitent entre l'allaitement et le biberon, je leur demande toujours si elles pensent qu'elles seront suffisamment entourées pour être aidées. Si leur conjoint est bien présent auprès d'elles et si elles ont peu d'obligations à l'extérieur, je ne vois pas ce qui plaide en faveur du biberon. Quant au père, il peut trouver bien d'autres manières de se rendre utile à la maison. L'heure où il pourra donner le biberon finira toujours par venir.

Un autre argument contre l'allaitement consiste à affirmer qu'il abîme les seins ; or cela ne se vérifie pas chez toutes les femmes. De plus, on peut dire la même chose de la grossesse elle-même et de ses effets sur le ventre. Eh bien oui, porter des enfants déforme quelque peu les femmes ; et pourtant, nous continuons de les porter. Pourquoi ? Parce que nous n'avons pas d'autre solution ? Alors, dans cinquante, cent ou cent cinquante ans, les mêmes femmes qui aujourd'hui ne veulent pas allaiter par souci esthétique refuseront, pour les mêmes raisons, de porter elles-mêmes leur enfant si la science leur permet de le faire faire par autrui. Il y a là pour moi une incohérence : on ne peut pas à la fois vouloir des enfants et chercher à tout prix à ne pas être dérangée par eux.

Un jour, à la télévision, je regarde une émission qui parle de la précarité. On y voit une femme se rendre avec son nouveau-né dans une association caritative qui distribue des vêtements et de la nourriture aux familles dans le besoin. Elle repart avec un sac de vêtements pour le bébé et des boîtes de lait maternisé. Je ne connais pas la situation de cette maman, je ne remets pas en cause la distribution de lait maternisé, mais je ne peux m'empêcher d'être choquée de voir quelqu'un qui n'exploite pas les moyens physiques qu'elle a à sa disposition pour procurer du lait gratuitement et de façon autonome à son enfant.

Choquée, je le suis également quand j'entends des médecins – dont le discours est légitimé par leur statut – affirmer que les laits maternisés sont aussi bons, voire meilleurs, que le lait maternel. Je ne doute pas que ces laits soient de bonne qualité, mais je refuse qu'on me dise que ce que je fabrique pour mes enfants est moins bien que ce que je pourrais trouver dans le commerce. Un jour viendra où l'on expliquera aux futures mères qu'il vaut mieux que les embryons se développent dans des incubateurs externes plutôt que dans leur ventre. Et beaucoup verront tous les avantages qu'elles peuvent tirer de cette « délégation ». Une telle idée me glace, mais elle fera sûrement les affaires de certains…

L'essentiel est que soit préservée la liberté de choix. L'allaitement n'est pas une fin en soi. Il ne devrait jamais y avoir d'obligation ou de pression dans un sens ou dans l'autre. Une femme doit pouvoir décider en pleine conscience, en ayant eu accès à l'ensemble des informations lui permettant de se « projeter ». Car les mères n'ont pas besoin d'être culpabilisées, elles ont besoin d'être accompagnées.

En avant la cadence !

Alors que je n'ai pas de difficultés à distinguer mes jumeaux l'un de l'autre, tout le monde se trompe autour de moi, même leur papa. Charlotte est la deuxième après moi à réussir à les identifier. Les premiers mois, elle les appelle tous les deux « CyrilRémy », puis très vite elle commence à les nommer individuellement.

Si je suis fatiguée à cause du manque de sommeil, je trouve en revanche que je récupère beaucoup plus vite qu'après mon premier accouchement. Mes garçons pleurent très souvent pendant la journée, et je suis désemparée. Il m'arrive d'échouer à les calmer en dépit des câlins, bercements ou changements de couche. Alors, pour ne plus les entendre, je me réfugie dans le jardin, où je manie la pelle et la pioche pour faire quelques aménagements. Le soir, quand Jérôme n'est pas là, c'est particulièrement éprouvant. Je me retrouve seule avec mes deux bébés inconsolables dans les bras. Je compte les minutes qui me séparent du retour de mon mari. Je ne peux pas coucher les enfants en les laissant crier, j'aurais trop l'impression de les abandonner. Je sais que, durant les premières semaines de leur vie, les enfants pleurent fréquemment en fin de journée. J'essaie de prendre mon mal en patience, mais je sature vite au milieu de tous ces cris.

De plus, mes fils régurgitent beaucoup. Au bout de deux mois, après avoir repoussé de jour en jour, je finis par prendre rendez-vous chez le pédiatre. Il se révèle que Cyril et Rémy ont un fort reflux œsophagien qui les fait beaucoup souffrir. Le médecin prescrit des médicaments à leur administrer avant et après chaque tétée, et d'autres matin et soir pendant plusieurs mois. Tant mieux pour eux, mais quelles contraintes pour moi ! Rapidement, en tout cas, les garçons pleurent moins. Ils sourient souvent et sont même franchement rigolards ; cela me réjouit.

Au pire de la crise, je tourne quand même à un rythme de quarante serviettes par jour. Bien que j'aie la satisfaction de voir que mes bébés n'ont plus mal, les régurgitations restent présentes pendant plus de neuf mois. Je ne suis jamais propre. Sitôt changée, me voilà de nouveau sale. Ma stratégie est d'attacher au cou de chaque enfant trois serviettes superposées, que je retire une à une au fur et à mesure de l'avancée des inondations. Si je n'en mets qu'une seule, le lait passe à travers et je suis obligée de changer leurs vêtements plusieurs fois par jour. Ma mère me trouve bien patiente. Il est vrai que je ne m'énerve pas. Je supporte. Étonnamment, Cyril et Rémy grossissent très bien. À 6 mois, ils sont tout potelés.

Plusieurs fois, je tire mon lait pour pouvoir déléguer et gagner quelques heures de liberté. Au cours de cette opération, je suis littéralement fascinée de voir le rythme auquel le biberon se remplit ; c'est un peu magique. La nature nous a quand même admirablement bien faites. Pendant toute la période que dure l'allaitement, je ne perçois plus mes seins comme une partie intime de mon corps. Je me déshabille naturellement, sans fausse pudeur mais en essayant de rester discrète. Je ne me sens pas mal à l'aise. En temps normal, je ne me montre pas si facilement, même sur la plage. Parfois, j'oublie que je peux choquer tellement c'est devenu évident pour moi.

Ma maison est mon cocon familial : je ressens fortement le besoin de ce toit protecteur. Je n'ai aucune envie de repartir en voyage. J'ai besoin d'être entourée, rassurée.

Je ne m'impatiente pas avec mes enfants, mais dès que nous sommes en dehors de chez nous, je deviens hypersensible. Je supporte mal les imprévus. Je suis à bout de patience quand des gens s'éternisent en visite, j'ai envie de les mettre à la porte. Je pense tout le temps à mes enfants, et je ne peux pas être longtemps disponible pour autre chose. Mon attention décroche fréquemment.

Un jour, à la pharmacie, alors que j'attends que la pharmacienne prépare mon paquet, je vois tomber une goutte d'eau sur mes mains, posées sur le comptoir. Je lève la tête. Rien ne semble tomber du plafond. Je réalise alors que c'est moi qui fuis, ou plutôt mes seins. Mes garçons sont dans la voiture et je sais qu'ils pleurent. C'est physiologique ! On ne peut pas lutter contre ça. Mon corps est en train de répondre, malgré moi, aux besoins de mes bébés. Avec la pharmacienne, nous rions bien ; elle m'entraîne dans une pièce adjacente pour me donner du papier absorbant, et je repars vers ma voiture.

À 5 mois, les garçons ne font toujours pas leurs nuits, et j'en ai marre. Nous décidons, avec la pédiatre, que je ne vais plus me lever pour les allaiter. En quelques jours, ils arrêtent de réclamer. Tant mieux, je vais pouvoir récupérer quelques heures de sommeil.

Je passe énormément de temps à les materner. Charlotte me demande aussi beaucoup d'attention. Heureusement, elle va trois jours par semaine chez une assistante maternelle qu'elle adore. Mais il reste deux jours, hors week-end, où je suis seule avec les trois enfants. À la maison, ils s'ennuient vite, et quand ils s'ennuient, ils pleurent. Ils ont besoin de sortir. Je les habille, les installe dans la voiture, mets la poussette double dans le coffre et pars à la recherche d'un endroit approprié pour nous promener. Une fois arrivée, je ressors la poussette, attache les petits dedans, puis recommence en sens inverse. J'ai mal au dos. Et moi aussi, je m'ennuie ! Certes, je ne manque pas d'activités, mais ces manipulations incessantes me cassent les pieds. Elles sont fatigantes, inintéressantes du point de vue cérébral, et elles prennent trop de temps.

Quand j'observe mes garçons qui jouent, en revanche, je ne m'ennuie plus. C'est un véritable film qui se déroule sous mes yeux. J'essaie de comprendre comment ils « deviennent » jumeaux. Ils jouent souvent au sol sur une couverture, à côté de moi, dans le salon. Je remarque qu'il y en a toujours un qui tente de capter le regard de l'autre : il s'agite dans tous les sens et rigole, tout son petit corps tendu dans cette activité, puis l'autre finit par lui répondre de la même manière. Je sais que ces moments sont uniques et que je ne les revivrai jamais, alors j'en profite autant que je peux.

Les premiers mois, une maman ex-puéricultrice dont les enfants sont maintenant grands et une amie viennent parfois me donner un coup de main. Bien que cela me soulage momentanément, je me sens presque démissionnaire.

Quand les garçons atteignent l'âge de 6 mois, je me décide à recruter deux baby-sitters pour prendre le relais entre 18 heures et 19 h 15. Je passe une petite annonce dans les écoles de sage-femme et d'éducateur de jeunes enfants. Je mets également un petit papier dans la boulangerie de mon quartier. Plusieurs jeunes filles se manifestent. J'écarte celle qui ponctue toutes mes phrases d'un : « Il n'y a pas de problème ! », ainsi que la grande fille très jolie dont le string dépasse du pantalon taille basse. D'autres correspondent mieux à mes critères. Comme il faut faire un choix, je me fonde sur des détails. Par exemple, Charlotte, qui a maintenant 2 ans, arrive pendant un entretien et offre un papier roulé en boule à la candidate avec laquelle je suis en train de discuter. Celle-ci l'ouvre et, constatant qu'il est vide, le rend à Charlotte en lui disant qu'il n'y a pas de cadeau à l'intérieur. Ce qu'elle ne comprend pas, c'est que le cadeau… c'est la boule de papier !

J'opte finalement pour une jeune fille venue accompagnée de sa maman. Je trouve rassurant qu'une mère se préoccupe de l'environnement dans lequel va travailler sa fille mineure. Je sens qu'elle trouvera vite sa place, même si, pour l'heure, c'est surtout sa mère qui parle. Elle n'a pas d'expérience de baby-sitting, mais elle s'occupe beaucoup de sa petite sœur. Cela me plaît bien de « former » une grande adolescente. Je pourrais lui apprendre ce qui compte pour moi. C'est parfois plus facile d'avoir affaire à quelqu'un qui est un peu malléable. J'embauche également une étudiante de l'école de sage-femme qui m'a l'air dynamique, compétente et gaie. C'est parfait.

Mes deux recrues n'interviennent pas les mêmes jours et peuvent se remplacer mutuellement quand l'une d'entre elles est indisponible. Nous créons des liens. J'aime leur présence bienveillante et efficace. Je suis vraiment fatiguée en fin de journée, et Jérôme ne peut plus rentrer à 18 heures ; c'est trop tôt au goût de son employeur.

Grâce à mes baby-sitters, je peux préparer sereinement le dîner ou étendre du linge sans avoir à m'occuper en même temps de tout mon petit monde. Parfois, leur présence me permet simplement de sortir faire une course. Il arrive qu'elles soient les seules personnes que je vois de la journée. Je discute longuement avec l'apprentie sage-femme. Notre maison est un peu une partie de sa « pratique ». L'autre est super zen, et je lui apprends à s'occuper des enfants. J'aime transmettre ce que je sais, et j'ai beaucoup de plaisir à parler avec elles de mes trois petits. Ils sont, momentanément, le centre de mon monde. Comme je n'ai plus aucune activité extérieure, mes sujets de conversation sont limités. Avec elles deux et l'assistante maternelle, je peux échanger sur ce que je vis. Je ne suis pas sûre qu'elles mesurent à quel point leur présence est précieuse pour moi.

Pendant la journée, je suis seule, et cette solitude me pèse. J'encourage quelques amies, lorsque je les croise par hasard, à venir me voir. Elles me répondent fréquemment qu'elles ne veulent pas me déranger. C'est bien le drame : les gens pensent qu'avec trois enfants petits je suis trop occupée, et qu'une visite risque de me compliquer la vie ! Il y a là comme un quiproquo.

Un jour, deux femmes sonnent à la porte. Nous discutons un moment sur le palier. Elles reviennent au bout de quinze jours, et encore quinze jours plus tard. J'ai reconnu l'une d'elles : nous avons pris des cours de claquettes ensemble il y a quelques années. Je finis par les laisser entrer. Elles sont témoins de Jéhovah. Je suis catholique. Elles me parlent de Dieu comme personne ne l'a fait depuis longtemps. J'oriente la conversation vers l'échange à propos de nos croyances. Je m'intéresse à leurs pratiques.

J'ai enfin des visites qui me sortent du maternage. Elles viennent très régulièrement pendant plusieurs mois. Nous convenons d'un horaire où les enfants dorment. Je suis heureuse de ces rencontres adaptées à mon rythme. Elles repartent quand les garçons se réveillent. Parfois, Charlotte nous rejoint. Elles s'adaptent. Je ne subis pas de pression ; d'ailleurs, le jour où j'exprime le souhait qu'elles cessent leurs visites, elles respectent ma demande.

Nos échanges m'ont enrichie, même si je ne partage pas toutes leurs idées. L'envie de renouer avec une pratique religieuse régulière se fait jour petit à petit. Depuis que les jumeaux sont arrivés, nous avons espacé nos rendez-vous dominicaux. Il faut reconnaître qu'il n'est pas facile de garder sages nos trois petits pendant une heure. Ils ont tendance à faire le spectacle dans l'assemblée et à perturber le recueillement des fidèles.

Le mois de septembre qui suit, je m'inscris à des cours de Bible. Comment transmettre quoi que ce soit à mes enfants si je suis moi-même vide ? J'ai besoin qu'on m'enseigne.

L'allaitement n'a pas été longtemps un obstacle aux sorties, car les garçons sont passés en quelques mois à quatre tétées par jour. Toutefois, il m'est impossible de faire les courses en journée avec deux cosys. J'y vais donc le soir, quand Jérôme rentre du travail. J'ai plaisir à me balader dans les rayons au milieu d'inconnus. Moi qui, en temps ordinaire, n'aime pas particulièrement les courses, je vis cette activité comme une récréation : j'ai l'impression de renouer avec la réalité, de sortir de ma bulle. Je sais aujourd'hui que certaines grandes surfaces ont des sièges spéciaux pour jumeaux sur leurs caddies ; il y a quatre ans, je l'ignorais.

Plusieurs de mes amies, au cours de la même période, mettent au monde un bébé. Mais comme elles ont un congé maternité normal pour une grossesse simple et qu'elles ne le prolongent pas par un congé parental, elles reprennent rapidement le travail. Nous nous voyons donc peu, et pas du tout en semaine. Aussi, j'hésite souvent à sortir à cause de la fatigue ; les enfants grandissent et ils sont de plus en plus lourds.

Trouver la place de chacun : pas simple...

Jérôme s'occupe beaucoup de Charlotte, l'éveillant à toute sorte de choses. Cela me laisse le temps de materner les jumeaux, mais je suis parfois frustrée de ne pas avoir de moments seule avec ma fille.

Nous sommes à peu près calés dans notre fonctionnement de couple, même s'il est régulièrement nécessaire de faire quelques ajustements. Ceux-ci s'opèrent parfois dans la discorde. Ainsi, mon mode d'organisation se trouve chamboulé quand mon mari rentre à la maison. Pendant la journée, j'installe les enfants dans un transat, dans le salon. Il arrive qu'ils s'y endorment. Quand Jérôme revient du travail et trouve un bébé dans la salle commune, il le ramène dans sa chambre : soit l'enfant dort et il ne veut pas qu'il se réveille, soit il ne dort pas et il pense qu'il va se mettre à pleurer. En tout état de cause, il n'est pas le bienvenu dans la « pièce des adultes ».

Je trouve cette exigence très dure. Si l'enfant dort, je laisse faire, bien que l'idée qu'il puisse se réveiller seul dans une pièce vide me fende le cœur. S'il ne dort pas, en revanche, je me fâche, et, comme je suis un peu têtue, je vais le récupérer pour le remettre dans le salon. Jérôme et moi nous heurtons fréquemment à ce sujet, et j'ai beaucoup de mal à le comprendre. J'ai l'impression qu'il ne veut pas de ses fils, alors que moi j'ai passé ma journée avec eux. Je cherche un fragile équilibre entre le bien-être de mon mari, qui a besoin de se reposer, et celui des bébés.

Nous n'avons pas vraiment réfléchi à l'éventualité que je reprenne le travail. Il paraît tellement évident que je reste à la maison ! Sur ce point, personne n'est à blâmer : nous ne pouvions pas anticiper la façon dont les choses allaient évoluer pour moi.

Envie de changement

Pendant les huit mois de ma grossesse, j'avais eu le temps de me préparer psychologiquement à l'arrivée des jumeaux. J'avais imaginé la première année en particulier : je souhaitais allaiter le plus longtemps possible, et je savais que cela entraînerait pour moi des contraintes en termes de disponibilité. Ces contraintes sont acceptées et très supportables. L'allaitement prend fin naturellement vers 10 mois pour Cyril, vers 11 mois pour Rémy. Je le vis d'autant mieux que ce sont mes bébés qui en ont décidé ainsi. J'ai résisté aux pressions de mon entourage, qui trouvait qu'allaiter si longtemps n'était ni raisonnable pour moi, ni bénéfique pour l'éducation des enfants. Chacun pense ce qu'il veut.

Au bout d'un an, j'ai le sentiment d'avoir donné le meilleur de moi-même. J'ai mis toute mon énergie à bien m'occuper de mes enfants, mais je n'ai pas eu ni pris le temps d'imaginer la suite. De plus, comme j'ai été trop occupée pour observer Charlotte entre 2 et 3 ans, je ne sais pas à quoi m'attendre avec mes garçons.

La deuxième année

Cette deuxième année commence sur des bases fragiles : après douze mois d'un rythme soutenu, je suis vraiment fatiguée, d'autant plus que les garçons se réveillent à nouveau toutes les nuits.

J'ai aussi un grand besoin d'oxygène ; ma « maison-cocon » ne m'est plus indispensable. Je souhaite reprendre la main sur ma vie. Je réactualise mon CV et je me renseigne : je voudrais faire un bilan de compétences ou une formation. Désillusion : il faut choisir entre le « tout le temps à la maison pour les enfants » et la reprise du travail. Il n'y a pas d'autres options. Je ne trouve aucune solution pour bénéficier d'aides à la formation. Je suis très déçue : alors, maintenant que je suis un tout petit peu plus libre – Charlotte étant entrée en petite section et les garçons allant en crèche trois demi-journées par semaine –, je ne vais pas pouvoir en profiter ?

Il m'est vraiment vital de rencontrer du monde. Alors que, jusque-là, je n'avais pas éprouvé le besoin d'échanger avec d'autres parents de jumeaux, je me dis que le moment est peut-être venu. Je contacte donc l'association Jumeaux et plus 44 et, au bout de quelque temps, je suis cooptée au sein du conseil d'administration. Je m'investis également dans l'association de parents d'élèves de l'école de ma fille. C'est une véritable bouée de sauvetage : je peux enfin exister autrement que pour mes enfants. Quoique... Je me rends compte que j'ai du mal à trouver des engagements totalement étrangers à mes préoccupations maternelles.

De plus, ces nouvelles activités ne font pas vraiment naître de liens forts d'amitié. Même si j'ai grand plaisir à me changer les idées, à organiser des choses, à prendre des responsabilités, je regrette de ne pas pouvoir y parler véritablement de moi. En fait, il me faudrait une activité rien que pour moi, en « égoïste ». Il est vrai que je chante dans une chorale de gospel. Mais, là encore, ma fille m'accompagne : c'est un peu la condition pour que je puisse y aller. Jérôme ne se voit pas rester seul avec trois tout-petits pendant presque une soirée entière, avec les bains et le dîner. Et, le week-end, les baby-sitters sont de repos. Je mets les choses au clair très vite avec Charlotte : la chorale, c'est mon activité ! Si elle vient avec moi, il est en revanche hors de question que je la garde dans mes bras. Il y a d'autres enfants : soit elle joue avec eux, soit elle reste à la maison. Elle accepte vite mes règles.

Notre rythme familial est maintenant bien fixé. Les horaires sont réguliers et j'entends m'y tenir. Nous faisons très attention à ne rien décaler, car le moindre grain de sable dans l'organisation a de fortes répercussions. En fin de journée, je suis vidée. Les garçons sont bien lourds, et généralement, pour gagner du temps, je les porte ensemble. À la maison, il me faut monter et descendre les escaliers plusieurs fois par jour avec plus de 20 kilos dans les bras.

Cyril et Rémy rampent ou marchent à quatre pattes. Ils se mettent debout avec des appuis, et tout ce qui se trouve à portée de leurs mains finit d'abord dans leur bouche, puis par terre. Leur jolie chambre toute neuve est la première chose qu'ils abîment. De grands pans de tapisserie sont arrachés depuis le sol jusqu'à un mètre de hauteur. Les tiroirs de vêtements sont vidés chaque jour. J'ai installé une barrière à la porte pour éviter qu'ils ne se mettent en danger avec les escaliers ; invariablement, les jouets sont projetés de l'autre côté et dégringolent les marches. Je remonte tout ce bazar plusieurs fois par jour. Très drôle, la phase du perdu/ retrouvé !

Mes jumeaux ont un fort besoin de manipulation, et leurs jeux, pourtant nombreux, sont visiblement insuffisants pour les satisfaire. Il est beaucoup plus amusant d'utiliser les affaires des grands. Ainsi, dès qu'ils sont dans le salon, c'est-à-dire chaque jour, ils vident consciencieusement le range-CD. Je finis par le leur abandonner et par les laisser jouer avec les disques ; au moins, pendant ce temps-là, je sais à quoi ils s'occupent. Toutefois, cela me met dans une position inconfortable : les CD, c'est le domaine du « père », et en son absence la « mère » doit faire respecter ses affaires. Mais elle a aussi le linge à étendre, les repas à préparer, la paperasse à traiter, les petits travaux du quotidien à effectuer, le suivi de la santé des enfants à assurer… et quelques besoins naturels à satisfaire !

Mon mari et moi, nous nous heurtons : il refuse de comprendre que je ne peux pas continuellement interdire à nos fils l'accès du salon, ni les maintenir à distance de leurs zones d'intérêt. Et moi, je ne comprends pas pourquoi cette histoire est si dramatique pour lui. Je préférerais lui racheter deux ou trois CD plutôt que de tourner en bourrique toute la journée à dire : « Non, vous ne touchez pas aux disques ! »

Finalement, je dégotte des barrières de jardin en bois que j'installe devant les colonnes de rangement. Par ailleurs, je rehausse tous les objets dans le salon. Mais l'imagination de mes garçons va plus vite que la mienne : ils entrent dans la cheminée et s'y tiennent debout, creusent dans les pots de fleurs, tirent sur la nappe (à deux si elle est trop chargée !), déplacent les meubles. Et malheur si un feutre traîne par là ! Je découvre parfois plusieurs semaines plus tard certains de leurs méfaits – les dessins sur un mur dans un coin du salon, par exemple.

Non, c'est non !

À 14 mois, ils marchent. Ils se lancent tout seuls, le même jour, à deux heures d'écart. Je suis sidérée : c'est vrai qu'ils se suivent de très près dans toutes les acquisitions, mais j'étais persuadée que Cyril marcherait au moins quinze jours après son frère, car je le trouvais moins à l'aise. C'est pourtant lui qui devance Rémy.

En réponse à leurs innombrables bêtises, je m'épuise à dire « non » : « Non, tu n'as pas le droit de toucher à ça ! » « Non, c'est dangereux pour toi ! » « Non, ça n'est pas l'heure ! » « Non, tu es trop petit ! » « Non, ne mets pas ça dans ta bouche, ça ne se mange pas ! » « Non, non et non ! » Quand j'en arrête un au milieu d'une bêtise, l'autre se précipite pour prendre le relais ; je l'arrête aussi, et c'est alors le premier qui m'échappe. Je vais devenir dingue ! J'ai l'impression d'avoir à canaliser un troupeau de petits démons.

Mes interdictions sont inefficaces. En tout cas, c'est le sentiment que j'ai. Si mes paroles me permettent de les stopper quelques instants, elles ne servent visiblement pas de leçon. Je m'attends à être un tout petit peu écoutée, mais je suis chaque fois déçue. Pourquoi mon autorité est-elle à ce point inopérante ? Je croyais que les enfants obéissaient quand on les reprenait et qu'on leur posait des limites. Je trouve ma tâche éducative trop ingrate, et le manque de résultats me démotive. Il n'y a rien de très grave dans leurs bêtises ; ce sont juste de petites choses qui, à la longue, énervent et épuisent. Alors, oui, je suis très fâchée quand quelqu'un laisse entendre que nous sommes laxistes. Un jour, pendant des vacances en famille, voyant que Jérôme vient de donner une fessée à Charlotte, qui a sans doute dépassé les bornes, l'un de mes frères me lance : « Ça y est, il reprend son éducation en main ? » Je reste sans voix. Comme si nous laissions faire. Comme si nous étions démissionnaires face à nos enfants.

Parfois, au contraire, les enfants obéissent sans sourciller. Je ne comprends pas bien… Sans doute le ton de ma voix y est-il pour quelque chose.

Pas une minute à moi

C'est effrayant, ils me suivent partout ! Il m'est impossible d'aller seule aux toilettes : soit je laisse la porte entrouverte et ils la poussent puis essaient de s'installer sur mes genoux, soit je la ferme et ils tambourinent dessus en hurlant. Leur tapage m'insupporte. Téléphoner est également très compliqué ; cela suppose de me ménager un temps où je sois sûre de ne pas être dérangée, ce qui n'arrive pas. J'ai même renoncé à faire la sieste : dans mon organisation, entre 12 et 13 heures, je prépare le déjeuner, nourris les enfants, puis les couche. À 13 heures, je m'installe avec mon plateau-repas devant le journal télévisé, histoire de ne pas être complètement déconnectée de la réalité. Puis je débarrasse, range la cuisine, passe le balai… et enfin je m'allonge sur le canapé pour récupérer de mes nuits difficiles. Mais, dans les cinq à dix minutes qui suivent, l'un de mes fils se met à pleurer. Ils doivent avoir des antennes. J'en fais l'expérience trop souvent pour pouvoir le supporter.

Cette interdiction du repos me pèse tellement que j'en suis exaspérée. Je leur en veux de ne jamais me laisser tranquille. En conséquence, quand je vais m'occuper de celui qui pleure, je ne réussis pas à y mettre de la tendresse. Je me contrôle pour ne pas le lui faire « payer ». Je me contente d'exécuter les gestes propres aux soins de l'enfant, mais je ne joue pas et souris peu. J'ai surtout envie de lui dire combien il me coûte de me relever de mon canapé alors que je n'aspire qu'à dormir. Je voudrais lui expliquer qu'il doit ménager sa maman, qu'elle a atteint ses limites.

Je les aime, mais ils me mettent à l'épreuve sans arrêt. Je ne me demande pas s'ils le font exprès ou non. Il n'y a aucune réflexion de ma part, tout occupée que je suis à subir. Cette expérience forte de frustration nuit à nos relations. Pour ne plus la vivre, je renonce finalement à ce petit repos.

Je me sens bien quand je suis seule, dehors. Je m'apaise. J'ai l'impression de respirer à nouveau, physiquement. Je goûte l'air qui entre dans mes poumons. Mes yeux peuvent errer librement sans être toujours à l'affût d'une possible situation d'urgence. Ma tête se redresse, mes épaules sont moins affaissées. Je renoue tout simplement avec mon corps, et j'en éprouve un bien-être immense.

Heureusement, Jérôme garde régulièrement les trois enfants le week-end. J'ai également quelques moments à moi en semaine grâce à ma femme de ménage, ma « fée du logis ». Je profite de sa présence pour me sauver. C'est vraiment ça : me « sauver », trouver mon salut ! Je ne sais pas comment elle fait pour gérer le ménage et les enfants en même temps, et je ne veux surtout pas le savoir ! Tout le monde est content. Elle parce qu'elle adore les petits, eux parce qu'ils peuvent tester une nouvelle personne, qui n'a que de bons sentiments à leur égard, et moi parce que j'ai l'esprit tranquille. Pourtant, ces sorties ne suffisent plus à maintenir mon équilibre. Je me sens glisser inexorablement vers la perte de tout contrôle sur mes réactions physiques et émotionnelles.

Pour être obéie, je commence à donner des petites tapes sur les mains. Parfois, cela opère ;

souvent, cela n'a pas grand effet. Je les trouve durs au mal, surtout Cyril. Il pleure peu quand il tombe ou se cogne, même quand je vois qu'il s'est vraiment blessé. Je hausse le ton de plus en plus souvent pour appuyer mes demandes. Ils me regardent alors un peu surpris, sans plus.

On s'était dit…

Les nuits sont éprouvantes : mes fils se réveillent entre une et quatre fois chacun. Certaines nuits, je me lève une fois par heure. Mon sommeil en est complètement déstructuré. Et que veulent-ils ? « Câlin maman ! » Là encore, je suis prise entre deux feux. Soit je me lève pour leur faire un petit câlin et ils se rendorment immédiatement, soit je les laisse pleurer, et alors mon mari finit par se fâcher très fort.

Lui et moi, on s'était dit qu'on laisserait pleurer les enfants ; il n'y a que les autres parents pour se faire avoir par leurs petits. Mais nous découvrons que, parfois, les enfants ne peuvent pas se calmer seuls la nuit. Les cris vont crescendo. Et, chez nous, quand l'un pleure, il y a aussi le sommeil des deux autres à protéger.

Pour moi qui suis déjà fatiguée, ces cris sont insupportables, donc je me lève. Je suis en colère après mes garçons qui m'empêchent de dormir. Au premier appel, ils reçoivent leur câlin ; au deuxième, ils ont un bisou mais se font gronder ; au troisième, j'ouvre violemment la porte et leur crie qu'ils doivent dormir ; au quatrième, c'est la fessée. Je suis navrée, épuisée, et je leur en veux terriblement de me pousser ainsi dans mes retranchements. Je suis partagée entre la volonté de leur épargner le courroux de leur père et la nécessité d'accepter mes propres limites. Moi aussi il m'arrive de me fâcher après eux, mais cela me paraît moins insupportable que quand c'est Jérôme qui le fait ; là, je suis très mal. Je me sens obligée de les protéger, comme s'il représentait un danger pour eux. C'est stupide ; il est leur père et c'est un papa aimant.

Parfois, tous les enfants sont réveillés en même temps. Je cours alors de l'un à l'autre pour rassurer et recoucher chacun. Je me sens « glauque » : j'ai froid, mes muscles sont douloureux, et je ne pense qu'à retrouver la position couchée. J'essaie pourtant de faire le maximum pour rester gentille, sinon je sais que la situation va tourner au cauchemar. Ils vont tous se mettre à pleurer, et l'énergie à fournir pour les consoler sera au-dessus de mes forces.

Le stress monte d'un cran.

Naissance des sentiments négatifs

Petit à petit, je développe des sentiments négatifs à leur égard : on ne peut pas me priver ainsi pendant des mois d'un besoin aussi vital que le sommeil. Il m'arrive de poser sur eux un regard très dur. Je ne parviens pas à les voir tels qu'ils sont : des enfants au sommeil perturbé. Je ne vois que des petits tortionnaires qui mettent en danger ma survie. Cela fait de moi une « mauvaise mère » et d'eux de « mauvais enfants ». Je bous de colère. Celle-ci est à peu près contenue pendant la nuit, mais elle finit toujours par exploser dans la journée.

L'idée d'aller voir un psychologue ne me traverse même pas l'esprit, moi qui suis pourtant branchée « psy ». Je me dis que ça va passer. Mais les choses s'installent et, au lieu de réagir, je m'enlise.

À cette époque-là, je suis en psychanalyse. J'y parle de mon problème, mais je ne viens pas chercher des réponses ni écouter des conseils. C'est un autre type de démarche. Les séances durent entre quinze et vingt minutes. C'est au moins un petit moment où je suis au calme, et de ce fait pour rien au monde je n'arrêterais. J'aspire à dormir sur le divan, sous l'œil bienveillant du praticien. Je lui parle doucement, d'une voix qui n'a rien de commun avec celle que j'utilise pour parler à mes enfants. Lui se tait. Parfois, je lui demande de me répondre, mais il garde le silence. Quand enfin il prend la parole, je n'arrive pas à me concentrer : je ne comprends pas bien le sens de ses mots et je ne retiens pas ce qu'il dit. J'en suis extrêmement déçue. Je crois finalement qu'il a raison de peu intervenir. C'est une chance inespérée pour moi de pouvoir raconter ce que je vis à quelqu'un qui ne juge pas, ne critique pas, ne m'abreuve pas de « bonnes idées » et, surtout, ne m'interrompt pas. Reste que, malgré moi, je suis visiblement incapable d'entendre quoi que ce soit. Je m'en rends compte et cela me trouble.

La pédiatre qui suit les petits est très souvent surchargée et ne peut pas gérer les urgences. Comme les enfants sont fréquemment malades, je décide de trouver un médecin proche de notre domicile et qui deviendrait notre référent à tous. J'arpente le quartier à la recherche d'un cabinet accessible pour ma poussette double, écartant ceux qui impliquent de grimper des marches ou d'emprunter un ascenseur trop petit. J'opte finalement pour un rez-de-chaussée. Le contact avec le médecin est bon : il est calme, à l'écoute, se montre disponible. Je suis ravie.

Quelques mois après avoir rempli les papiers pour qu'il devienne notre médecin référent, j'ai besoin de prendre rendez-vous pour l'un des garçons. En arrivant au cabinet, je trouve porte close. Le centre, qui accueille plusieurs praticiens, a été incendié, et une affichette indique l'adresse à laquelle il a été transféré provisoirement. Je m'y rends en voiture. Le parking est complet, je dois me garer à environ deux cents mètres et y aller à pied. Dire que je suis chargée est un euphémisme : avec un jumeau de 12 kilos sous chaque bras et mon sac à main qui ne cesse de glisser, je suis bien embarrassée pour sonner à l'interphone. Dans le hall, j'ai la mauvaise surprise de constater qu'il n'y a pas d'ascenseur, et le cabinet est au deuxième étage. Quand enfin je me présente à la porte, mes bras sont paralysés par l'effort et je suis au bord des larmes. Trop, c'est trop ! Je n'en peux plus. Après la consultation, le médecin a la gentillesse de me raccompagner jusqu'à ma voiture en portant l'un des jumeaux.

Toutes ces petites contrariétés qui s'accumulent finissent par rendre ma mission de maman insurmontable.

Si j'avais dix mains…

Ne jamais pouvoir aller au bout de ce que j'entreprends me frustre particulièrement. Je l'ai accepté pendant la première année. Je sais quelle attention requiert un bébé, et qu'il faut donc renoncer à quantité de choses pour pouvoir veiller aux besoins de deux bébés. Mais, au bout de douze mois, c'en est assez. Être sans arrêt interrompue, ne rien réussir à mener à son terme, agir constamment sur plusieurs fronts à la fois engendre un stress considérable. Les petits enfants demandent beaucoup et, surtout, ils demandent *en même temps*.

La première année, je développe une bonne capacité à répondre rapidement aux besoins de mes jumeaux, alors que j'étais moins réactive pour Charlotte. Je cours littéralement. La durée des pleurs s'en trouve ainsi limitée, et mon stress également. C'est très drôle de voir ma fille m'imiter. Quand elle entend pleurer l'un de ses petits frères, elle se précipite en criant : « J'arrive, mes doudous ! » Moi tout craché !

Je ne m'interroge pas sur la nécessité de les laisser patienter un peu. Je gère l'urgence sans aucun recul. Pour moi, il est juste vital que les pleurs cessent rapidement. Je n'ai pas conscience que cette réactivité entraîne finalement une aggravation de la situation. Moins ils attendent, moins ils savent attendre. Mais ma raison ne fonctionne plus depuis longtemps, exclusivement tournée qu'elle est vers un seul objectif : les faire taire. Je veux le silence dans la maison. Je suis prête à courir aussi vite que mes jambes en sont capables si cela me permet ensuite de m'envelopper dans un silence salvateur. Bien entendu, les cris sont inévitables, puisque je ne peux pas les changer ou les baigner en même temps. Mais ma capacité à leur répondre fait que je me sens assez forte et relativement bien organisée. Je suis contente que les jumeaux soient autant cajolés que s'ils étaient des enfants uniques. Ils sont d'ailleurs bien dans leur peau et souriants. C'est ma récompense, cela m'apporte une forme de satisfaction et de fierté.

Toutefois, je vais bientôt comprendre à mes dépens quel engrenage j'ai enclenché. À 18 mois, les besoins des garçons vont croissant, et je n'arrive plus à suivre. Charlotte, elle, a un peu plus de 3 ans. Ils veulent tout, tout de suite. La multitude des tâches ménagères et éducatives me fait entrer doucement dans un état de tension permanente. Je me retrouve très souvent dans l'incapacité de répondre à tous en même temps, et je perds patience de plus en plus vite. Je ne me dis pas que c'est normal de ne pas y arriver, que c'est une bonne chose qu'ils apprennent à attendre. Non, je me dis qu'il faut que je sois plus rapide, mieux organisée. Pour gagner du temps, j'ai toujours quelque chose dans les mains et je passe d'une pièce à l'autre en remettant les objets à leur place. J'en viens à me poser des questions comme : « Dans quel ordre faut-il que je traverse les pièces pour éviter les allées et venues inutiles ? »

J'essaie pourtant d'expliquer aux enfants qu'ils doivent patienter, que c'est chacun son tour. Mais j'ai l'impression que mes mots glissent sur eux. Je finis par m'emporter violemment et par hurler : « Je ne peux pas ! »

Personne ne me seconde pendant la journée. Avant, au travail, nous formions une équipe. Jamais nous n'étions isolés plusieurs heures de suite. Quand les relations devenaient difficiles avec un jeune, ou bien quand nous nous sentions dans une impasse, un autre professionnel prenait le relais. Là, je me sens désespérément seule, et je sais que ça va durer. J'ai affaire à des mini-tyrans avec lesquels la discussion est quasi impossible, et dont je ne peux me libérer. Mes réserves de patience sont épuisées. Je ne vois pas le bout du tunnel. N'importe qui peut supporter une période de stress sur une courte période, surtout s'il sait à quel moment elle va prendre fin. Mais quand on s'attend à ce que cela se prolonge pendant des mois, des années ?...

Très vite, il devient impossible pour moi de « faire tourner » la maison quand les enfants sont réveillés. Je m'occupe donc des tâches ménagères pendant leur sommeil, ce qui me prive de ces moments si importants de récupération physique et psychologique.

Si je cours sans cesse après le temps, paradoxalement il me faut en permanence attendre les petits. Ils marchent lentement, veulent s'habiller seuls mais n'y réussissent pas forcément. Il y en a toujours un qui demande à faire pipi une fois que tout le monde est installé dans la voiture. À cela s'ajoutent les contraintes horaires liées à la scolarité de l'aînée.

Je commence à devoir presser ma petite famille le matin pour être à l'heure. Il faut habiller tout le monde, donner les petits déjeuners et mettre les enfants dans la voiture. Devant l'école, pas moyen de stationner. Je me gare loin et nous y allons à pied tous les quatre. En courant, sinon nous risquons de trouver porte close. Je revis l'angoisse de mes années scolaires, quand je me cachais de la surveillante pour ne pas avoir un billet de retard. J'ai l'impression que la directrice de l'école des enfants va surgir derrière moi et me disputer comme une gamine. Mais il m'est impossible de faire se lever tout le monde plus tôt. Je suis trop fatiguée.

Souvent, je me gare mal et je laisse les garçons dans la voiture. Je n'en suis pas fière, j'ai toujours peur pour eux. Un jour, sur le parking d'une grande surface, je les ai laissés ainsi pour aller chercher mon caddie. À cette époque, ils ne marchaient pas encore, et il était très difficile de les porter tous les deux. J'ai vu deux personnes s'approcher de la voiture dans laquelle Cyril et Rémy attendaient gentiment que je revienne. L'une d'entre elles a sorti son téléphone portable et commencé à composer un numéro. J'ai crié pour qu'elles me voient. J'étais humiliée et très en colère qu'on ait pu me prendre pour une mère qui oublie ses enfants dans la voiture. Je n'avais qu'une envie : leur sauter à la figure ! Mais je me suis contentée de leur dire froidement qu'ils auraient pu jeter un œil aux alentours avant de dégainer leur téléphone.

Sortir, s'aérer, se défouler

Chaque jour, matin et après-midi, je sors avec les enfants. Dehors, c'est moins difficile que dedans, même si cela impose de les habiller par tous les temps, de charger la poussette double dans la voiture, de tout décharger une fois arrivés et de recommencer au retour. Si je ne le fais pas, les garçons tournent comme des lions en cage et c'est « Beyrouth » à la maison.

Cela dit, ce n'est pas beaucoup plus reposant au parc : tout ce qui est au sol finit dans la bouche, tout ce qui se trouve en hauteur est escaladé. Cyril est le plus indépendant, il a envie de tout explorer. À la moindre sollicitation, il fonce. Ma fille et Rémy ont moins tendance à partir à l'aventure, mais il leur arrive aussi de s'écarter. J'ai beaucoup de mal à rassembler mon petit monde et à garder un œil sur eux tous en même temps.

De plus, je me sens observée par les autres mères. Elles n'interviennent que très rarement pour me donner un coup de main. Un jour, alors que j'ai enfin pu m'asseoir sur le banc, mon attention se relâche. Cyril file droit vers un petit bassin et commence à barboter gentiment, plongeant le bras entier dans l'eau glacée. Il y a une maman juste à côté, mais elle ne dit rien. À un moment, je me rends compte qu'il n'est plus dans mon champ de vision, et je me mets à tournicoter à sa recherche. Quand enfin je l'aperçois, je me précipite. Je crierais volontiers sur cette dame qui n'a pas levé le petit doigt pour m'aider. Ce genre d'attitude est très fréquent : beaucoup pensent qu'il vaut mieux ne pas intervenir auprès des enfants des autres. C'est chacun pour soi.

Maintenant, j'entreprends également des sorties à pied avec les enfants sur de courtes distances – jusqu'à la pharmacie, la boulangerie ou les aires de jeux. Au bout de quelques semaines d'entraînement, je décide que nous pouvons nous aventurer un peu plus loin, jusque chez une amie qui a des enfants du même âge et habite à environ quatre cents mètres de chez nous. Comme les trottoirs sont étroits et que je n'ai que deux bras, j'ai relié les garçons entre eux par une ceinture en tissu que je tiens dans une main ; de l'autre, je serre la main de Charlotte.

Le voyage aller se passe relativement bien. Les garçons se neutralisent mutuellement quand l'un veut s'éloigner, il est ralenti par son frère. Cette entrave à leurs déplacements les fait un peu râler, mais nous arrivons à bon port. Les enfants sont ravis de découvrir un nouveau terrain de jeux. Il y a un jardin et ils se défoulent sur les tricycles.

Au bout d'une heure et demie, nous repartons. Je m'attends au pire, car tous donnent des signes évidents de fatigue. Nous n'avons pas fait un quart du chemin que les jumeaux s'immobilisent et se mettent à pleurer. Je les encourage, les pousse, les tire. Rien n'y fait : ils s'assoient tout bonnement par terre et ne veulent plus se relever. Je compte sur la coopération de leur grande sœur, mais Charlotte n'a pas l'intention de m'aider, et mes fils sont trop lourds pour moi seule. Je sais que je ne tiendrai pas jusqu'à la maison. En désespoir de cause, j'appelle le nouveau baby-sitter, qui habite au bout de ma rue. Il arrive rapidement et m'aide à rentrer.

J'aurai plusieurs fois à faire appel à lui pour me sortir de situations ingérables. Je l'ai recruté après le départ de l'apprentie sage-femme. C'est un jeune homme très beau et qui a le grand avantage... d'être un homme ; je pense qu'il est bénéfique que mes enfants se confrontent à une autorité masculine autre que celle de leur père. Il apprend à s'occuper d'eux, à changer les couches, à se faire obéir. Je crois que ce travail ne l'amuse pas toujours, mais il y met de la bonne volonté. Il est très disponible, et il ne mesure sans doute pas à quel point c'est précieux pour moi de pouvoir compter sur lui. Comme je ne vois plus grand monde et que je le trouve vraiment très beau, je suis parfois troublée. Je suppose que si Jérôme avait fait lui-même le « casting », ce n'est pas lui qu'il aurait choisi. Je me fais l'impression de la caricature de la mère de famille qui fantasme sur le baby-sitter de quinze ans plus jeune qu'elle. Je ne sais trop si je dois en rire ou en pleurer !

Pour occuper les enfants, je suis constamment en quête d'idées de sorties ou d'activités. Un mercredi, je les charge dans ma vieille Super 5 et je pars à la chasse aux cartons. J'ai remarqué qu'ils ont grand plaisir à se cacher dedans ou à s'en faire des cabanes. Après la tournée de différents points de tri, je repars avec une vingtaine de pièces de toutes tailles. J'ai du mal à fermer les portières, les enfants n'ont plus aucune visibilité !

Je veux fabriquer un labyrinthe dans le jardin. Je sors tous les cartons et commence le découpage des portes et des fenêtres. Puis j'assemble les pièces avec du gros scotch. Mes trois loustics m'observent d'un air interrogatif. Pour tester l'installation, je lâche mon furet dans le labyrinthe. Il court partout, on le voit disparaître et reparaître à des endroits improbables. Les enfants sont très excités. Je décide alors de mettre les garçons dans le circuit. J'ai veillé à ce que les ouvertures soient suffisamment larges pour qu'ils puissent y passer à quatre pattes. Je leur fais coucou par les trous, je me cache et les surprends. Au bout d'un moment, ils en ont assez. J'ai fermé toutes les sorties...

Pour aller dans le grand parc près de chez nous, je prends la poussette double ; la distance est trop longue pour s'y rendre à pied. Cyril et Rémy sont installés côte à côte et Charlotte est assise sur la capote. J'ai accroché une planche à roulettes à l'arrière pour elle, mais elle ne l'utilise pas car, même debout dessus, elle ne peut pas voir la route. Dans les descentes, c'est donc moi qui monte sur la planche. Mon wagon de famille nombreuse, voilà au moins une chose qui m'amuse ! En plus, c'est un moyen de transport assez rapide.

En semaine, au retour des balades, les petits sont fatigués. Et c'est pire quand je dois aller chercher Charlotte à l'école à midi. C'est alors la course pour rentrer déjeuner. Les pleurs sont nombreux. Cela met à rude épreuve mes oreilles et ma patience : moi aussi j'ai faim, et moi aussi je suis fatiguée ! Pour que l'heure du coup de feu soit moins pénible, je grignote toujours quelque chose vers 11 h 30, juste de quoi éviter de me sentir mal.

Les repas sont loin d'être reposants. Il me faut sans arrêt me lever. Les garçons engloutissent particulièrement rapidement le contenu de leur assiette. Je les filme parfois tellement cela m'impressionne. Au moins, ils mangent bien ! Combien de mamans se désolent devant leur enfant qui picore comme un moineau ? Chez nous, c'est moi qui suis si gourmande, qui picore comme un moineau par manque de temps... et deux heures plus tard j'ai de nouveau faim !

Les faire taire !

Le manque de sommeil, l'alimentation désordonnée et les multiples frustrations se conjuguent pour me rendre hypersensible à tout, et surtout au bruit. Les cris des enfants provoquent des accélérations de mon rythme cardiaque. Même quand ils rient, j'attends avec angoisse le moment où ils vont commencer à se chamailler. Et, quand ils se disputent, je n'ai qu'une seule idée en tête : les faire taire. En bref, je ne les supporte plus.

Ils ont aussi un nouveau jeu qui consiste à se jeter contre moi de toutes leurs forces. Dès que l'un d'eux m'aperçoit, il s'élance vers moi tel un boulet de canon, et j'ai beau crier « Arrête-toi ! », il me percute. Si, à 2 ans, ils ne sont pas encore très lourds, lancés à pleine vitesse ils me font réellement mal ! La plupart du temps, je ne les vois pas arriver ; mais c'est presque pire quand je peux anticiper. Tout en reculant, je me penche légèrement et tends mes bras vers l'avant pour amortir le choc. Si je suis accroupie ou baissée pour ramasser quelque chose, ils me font tomber. J'ai envie de les taper. Ne comprennent-ils pas qu'ils me violentent ?

Heureusement, nous avons aussi de tendres moments. Mes trois enfants sont très câlins et j'en profite largement. Finalement, ils ne font peut-être pas bien la différence entre se jeter sur moi comme des sauvages et partager de la tendresse. Est-il possible que je n'aie pas pensé à leur expliquer cette nuance ? Pourquoi faut-il toujours que je me sente moins « bonne » en tant que mère qu'en tant qu'éducatrice ?

J'aime particulièrement le moment où, en montant nous coucher, Jérôme et moi passons voir nos enfants endormis. Nous nous extasions devant ces petits anges. Je dépose un baiser sur leur front, les caresse, sens leur odeur. J'ai besoin de ces contacts un peu primitifs pour rester en connexion avec eux. Leur sommeil et le calme qui règne enfin rendent cela possible. J'ai alors envie de les prendre dans mes bras et de les serrer très fort contre moi.

Dans la journée aussi, je leur fais plein de petits bisous. Je les sors de la voiture : un bisou. Je les assois dans leur chaise haute : un bisou. Je les installe sur la table à langer : un bisou. J'en donne des tonnes par jour, et je suis moi-même étonnée quand je m'en rends compte. Je crois que c'est un peu trop, mais c'est sans doute une manière de compenser les fessées. Car je peux passer en quelques minutes des cris aux câlins, selon l'état dans lequel ils me mettent. Je me fâche beaucoup. Devant leurs bêtises et leurs caprices, je me contiens de moins en moins. Charlotte aussi s'y met : je ne peux plus aller acheter le pain sans qu'elle me fasse une crise incroyable. C'est pathétique. Elle se met à hurler : « Non, maman, ne pars pas !! » elle s'accroche à moi, désespérée, m'agrippe de ses bras, enserre mes jambes dans les siennes. Si je réussis à détacher un de ses bras, l'autre repart à l'attaque. C'est une véritable lutte. Elle est pleine d'énergie, et elle me tue ! Je finis toujours par partir, mais en la laissant dans quel état ? Quant à moi, je ne suis guère mieux.

Les enfants, un handicap ?

S'ils ont beaucoup de mal à me laisser sortir de la maison, il est tout aussi difficile de les faire décoller quand ils sont installés quelque part. En somme, tout devient conflictuel. Rester chez moi est au-dessus de mes forces psychologiques – je me sens trop seule –, mais sortir dépasse mes capacités physiques. Chaque fois que j'annonce qu'il faut y aller, ils commencent par refuser de se lever, puis ce sont des cris et des mouvements désordonnés pour empêcher que je leur mette leur manteau. Ils se sauvent en courant à l'autre bout de la pièce, je dois les rattraper, les habiller de force, puis les porter, voire les traîner.

J'en ai des tendinites aux bras, au point que j'ai mal quand je conduis. Au bout de plusieurs semaines, je consulte mon médecin, qui me prescrit une attelle et... du repos. Du repos, quelle bonne idée ! Je voudrais bien un arrêt de travail ! Quoi qu'il en soit, j'ai tellement mal que je décide de ne plus les soulever par le bras. Bêtement, je mets beaucoup de temps à comprendre qu'il est plus facile de les porter un par un que de les « appréhender » tous les trois ensemble. Quand les petits font leur crise, je prends mon mal en patience, attendant qu'ils se lèvent d'eux-mêmes. En quelques semaines, mes douleurs diminuent, puis disparaissent.

Cela n'enlève rien au constat navrant que je vis mes enfants comme un handicap, quelque chose qui m'empêche de vivre. C'est tellement difficile de me déplacer avec eux, ils prennent tellement d'espace !

Quand nous rentrons de promenade, en fin d'après-midi, les enfants me demandent invariablement : « Et maintenant, on va où ? » À la maison, bien sûr ! Non, ils ne veulent pas. Ils veulent toujours autre chose. Pour contrer cette réaction, qui m'exaspère, je tombe dans le redoutable piège du « et après ». Au lieu d'assumer simplement le fait qu'ils ne veulent pas rentrer à la maison, je trouve une idée qui va calmer leur colère et leur faire plaisir, repoussant ainsi sans cesse le moment où il faudra imposer : « Après, vous prendrez votre bain et je mettrai du bain moussant ; et après, si vous n'avez pas mis d'eau partout dans la salle de bains, il pourra y avoir des glaces en dessert ; et après, je vous lirai une histoire... » Mais ils me prennent à mon propre jeu en me retournant la question : « Et après ? », jusqu'à ce qu'on en arrive à quelque chose qui leur déplaît, puisque je ne peux pas empiler à l'infini les perspectives agréables. Se réveille alors la tempête qui sommeillait…

Supporter les enfants des autres ?

Mes relations sociales se réduisent. Je profite mal des autres quand je suis avec mes trois petits, car ils perturbent l'environnement commun. Par ailleurs, j'éprouve maintenant une véritable saturation face aux enfants en général : ne supportant plus les cris des miens, je supporte d'autant moins ceux des autres, que je ne peux pas faire taire en présence de leur mère.

Un jour où mes garçons sont à la crèche pour la journée entière, j'organise un déjeuner à l'extérieur avec une amie. Quand je la retrouve, je constate qu'elle est accompagnée de sa petite fille de quelques mois. Je ne lui dis pas que j'aurais préféré être seule avec elle : elle n'a pas de solution de garde, et ma remarque risquerait de la blesser. Je prie juste pour que son bébé soit super sage. J'ai de la chance : c'est le cas tout au long du repas.

Le trajet de retour en voiture est plus difficile. L'heure de la sieste est déjà bien dépassée, et la petite fille, fatiguée, se met à pleurer très fort. Nous n'avons que dix minutes de route, mais je suis au supplice. Si je ne me retenais pas, je demanderais même à mon amie de s'arrêter pour me laisser finir à pied. Ces cris me « prennent la tête » au sens propre : toute pensée est stoppée. Je ne sens que cette chose physique qui monte et m'oppresse. Mais je tiens le coup. En arrivant chez elle, elle couche sa fille et nous pouvons passer encore un bon moment à discuter.

Une autre fois, j'organise un dîner à la maison avec trois ou quatre couples d'amis. L'un d'entre eux souhaite venir accompagné de ses enfants. Le plus jeune n'a que quelques semaines et sa maman l'allaite ; il leur est donc difficile de le faire garder. Et pour que l'aîné, âgé de 3 ans, ne soit pas jaloux, ils désirent l'emmener aussi. Je ne suis pas très chaude, mais j'accepte. Toutefois, j'explique que mes enfants seront couchés, et je leur demande de faire de même avec leur aîné à leur arrivée.

Quand ils sonnent à la porte, j'ai la mauvaise surprise de constater que le grand n'est pas en pyjama et n'a pas son doudou dans les bras. Il n'a visiblement pas dîné non plus. En tout cas, il s'installe pour rester avec nous. Je monte le lit-parapluie, histoire de donner un message clair, et j'encourage le père à le coucher. Mais l'enfant ne cesse de se relever. Je ne vois pas bien comment il pourrait en être autrement, puisque rien n'a été préparé pour son sommeil. Pendant l'apéritif, il circule entre nous et nous empêche de discuter. Il passe ensuite le dîner assis sur les genoux de son papa, laissant tomber plein de morceaux de nourriture par terre – mon tapis s'en souvient encore… Il n'est pas hyper bruyant, mais sa simple présence m'insupporte, car elle me prive de la possibilité d'avoir une conversation sereine avec ses parents, que j'aime beaucoup par ailleurs. Ma fatigue journalière est augmentée par l'effort que j'ai fait pour préparer ce dîner, que je voulais convivial. Il me faut pourtant faire bonne figure.

Un peu plus tard, lorsque le bébé se met à pleurer, sa maman le prend dans ses bras… et reste dans le salon ! Là, je ne comprends pas. Pour ma part, j'essaie toujours de faire en sorte que mes enfants ne soient pas une gêne pour les autres. Mais il est vrai que chacun réagit à sa façon aux situations qui se présentent à lui.

Vouloir et ne pas savoir demander de l'aide

Me sachant extrêmement fragile, j'évite au maximum les situations dans lesquelles je vais me sentir mal. Pourtant, je ne peux pas toujours me mettre en marge. D'abord, je ne le veux pas, et ensuite personne ne le comprendrait. Mes parents ont à cœur de rassembler régulièrement leurs enfants. C'est avec un grand plaisir que je retrouve mes frères et sœurs et leurs conjoints. La famille est essentielle pour moi, et j'aime beaucoup baigner dans ce climat où le rire alterne avec des conversations profondes et passionnées. Cependant, il se passe rarement une journée sans que je devienne désagréable. J'ai des piques pour chacun. Mon père me met hors de moi en deux temps, trois mouvements. Pour peu qu'on parle de la place de la femme, cela part immédiatement en vrille. Nous ne parvenons pas à nous comprendre sur ce sujet. Je ne partage pas non plus l'avis de mes beaux-parents, mais eux savent rester mesurés.

Évidemment, on me reproche de gâcher l'ambiance. En fait, je ne me sens pas entendue dans ma propre famille. J'explique que c'est difficile pour moi, que mes enfants m'usent. Gentiment, l'un de mes frères me propose de venir passer une journée chez lui, près de la côte. J'accepte et nous parlons calmement et longuement. Mais mes plaintes reviennent et il me rappelle qu'il a déjà entendu ce refrain. Pourtant, je n'ai pas l'impression de m'étaler. J'ai plutôt tendance à raconter les bêtises de mes enfants, car elles font rire tout le monde.

Quand je n'ai vraiment pas le choix – que j'ai par exemple un rendez-vous où je ne peux absolument pas emmener mes enfants –, je demande à ma mère de les garder. C'est souvent compliqué. Elle est d'accord, mais seulement si cela coïncide avec l'heure de la sieste, et surtout si cela ne dure pas trop longtemps. Elle a beau être une grand-mère affectueuse qui aime vraiment ses petits-enfants, en ce qui concerne les miens, les garder est visiblement au-dessus de ses forces. Elle me dit qu'ils sont trop fatigants. J'ai envie d'exploser et de lui jeter à la figure : « Et pour moi, tu crois que ce n'est pas fatigant ? Tu ne vois pas que je suis épuisée ? Tu ne pourrais pas faire un effort, juste pour une nuit ? »

Je lui en veux beaucoup de ne pas m'aider davantage alors que je suis si mal. Un ou deux ans plus tard, je l'invite au restaurant pour que nous puissions discuter calmement de cette période. J'ai besoin de comprendre son manque de soutien, qui m'a blessée. Il n'y a en fait pas grand-chose à comprendre. Elle ne se sent tout simplement pas capable de prendre seule en charge mes trois enfants d'âges rapprochés, d'autant que mon père ne l'aide pas beaucoup, en se montrant lui-même très exigeant. Les choses lui semblent moins difficiles dans les familles de ses autres enfants. C'est comme cela, chacun a ses limites. Aujourd'hui, j'ai compris et pardonné.

Je me refuse aussi à demander de l'aide aux amies, car, à de rares exceptions près, je suis dans l'incapacité de leur rendre la pareille. Mes besoins ne sont pas épisodiques : je suis en situation de « panne » permanente, et un dépannage ponctuel ne suffit pas à faire repartir durablement la machine. C'est difficile à comprendre pour celui qui ne le vit pas.

La panique du grain de sable

Le moindre grain de sable dans la routine quotidienne me met dans un état de stress indescriptible. J'encaisse quand je suis à l'extérieur, mais chez moi, j'explose. Non, on ne peut pas décaler le bain d'un quart d'heure : moi, à 20 heures, quoi qu'il arrive, je ne veux plus, je ne peux plus m'occuper des enfants. J'attends de mon conjoint qu'il soit aussi rapide que moi, et surtout qu'il suive mes consignes en mon absence. Évidemment, nous avons des conceptions différentes de l'organisation et, à mon retour, je râle. Cela tend nos relations. Je suis tellement sur les nerfs que je cherche à tout contrôler. C'est la seule chose qui me permette de tenir. Quand tout se passe comme je l'ai prévu, je peux me sentir assez sereine. Mais c'est si rarement le cas… Parfois, au milieu de l'océan de mes recommandations, Jérôme a une initiative, et c'est pour moi un vrai bonheur de constater qu'il fait avancer un peu les choses sans que j'aie à le lui demander.

Ainsi, dans notre vie quotidienne, tout ce qui peut nous faire perdre la maîtrise du temps est un problème. Mon mari et moi nous privons souvent de moments conviviaux de peur de ne plus avoir assez d'énergie pour gérer la suite. Cependant, quand nous ne sommes pas trop fatigués, il nous arrive de sortir au restaurant ou au cinéma. Le budget baby-sitting est relativement élevé, mais je préfère mettre de l'argent dans ces sorties que dans autre chose.

Nos garçons ont parfois de drôles de comportements. Après avoir longtemps exploré leur environnement en portant tout ce qu'ils trouvaient à leur bouche, vers 2 ans ils se mettent à mordre. Leur préférence se porte sur la partie la plus charnue de ma personne, qui en plus a l'avantage de se trouver à leur hauteur… Ils arrivent par-derrière et gnac ! un bon coup de crocs au travers du pantalon. Je crie autant par surprise que par douleur, et je réagis toujours vivement : je me retourne et les secoue par le bras en les grondant très fort. Parfois, une tape « réflexe » part, qui atteint plus ou moins son but. J'en viens à redouter leur présence derrière moi.

Cette manie disparaît aussi vite qu'elle est apparue.

Chaque matin, je me vois dans le jardin pour nourrir mon furet. Il est vieux, maintenant, et depuis un certain temps j'ai l'impression qu'il va mal. Un jour où je lui rends visite comme à l'accoutumée, je le retrouve tout raide. Même si je m'y attendais un peu, ce moment est difficile à vivre. À la peine liée à la perte de ce gentil animal de compagnie, qui est arrivé dans la famille avant Charlotte, se mêlent la répulsion face à l'animal mort, qui ne ressemble pas à celui que j'ai connu, et l'angoisse à l'idée de ce qu'il va falloir faire. Quand je remonte, presque en larmes, je découvre que Cyril a vidé le contenu du paquet de chocolat en poudre par terre, dans la cuisine. En temps normal, je me serais fâchée. Cette fois-ci, je suis désemparée ; les bras m'en tombent.

J'appelle ma sœur à la rescousse. Elle m'aide à réparer les dégâts et à canaliser les garçons.

Quand tout est prêt, nous enterrons mon furet. Ma fille m'épate. Rien ne l'étonne. Elle veut à tout prix prendre l'animal et le déposer dans le trou rempli de paille. Je la laisse faire. Elle est calme. Alors qu'elle a souvent joué avec le furet, elle ne semble pas très affectée par sa mort. En revanche, ma propre réaction la questionne. Pendant quelque temps, elle me demande régulièrement si je suis encore triste. Un jour, je lui dis : « Ça y est, je ne suis plus triste. Je pense de temps en temps à lui, mais il me reste les bons souvenirs. » À partir de ce moment-là, ses questions cessent.

Certains pensent qu'il ne faut pas que les enfants approchent la mort de trop près. Personnellement, je trouve que la mort d'un animal domestique est une bonne manière de les préparer au décès de leurs proches. Un an plus tard, lorsque ma grand-mère décédera, mes enfants réagiront sereinement, en se fiant à leur propre expérience et aux réactions de leurs parents.

Un combat intérieur permanent

Une sourde angoisse monte petit à petit. La rage intérieure que je tente de maîtriser est croissante, et j'explose fréquemment. Je crie fort. De plus en plus fort. Je tape maintenant facilement : des fessées le plus souvent, des gifles parfois. Je vois alors, surtout dans le regard de Cyril, à quel point je peux lui faire mal « à l'intérieur ». Je n'en suis pas fière, je ne m'aime pas en maman violente, et pourtant je me sens impuissante. Bizarrement, ces éclats ne se produisent jamais en public, car je ressens beaucoup moins la pression quand je suis entourée. C'est quand je suis seule à la maison avec mes enfants, que cette part de moi m'échappe. Je suis submergée par une vague qui part du ventre, monte très, très vite vers le haut de mon corps, et s'étend jusqu'au bout de mes doigts, tendus à l'extrême. J'ai le cœur qui s'emballe et mon visage change brusquement d'expression. Tout sort, hors de mon contrôle. Mon corps est arc-bouté au-dessus de mes enfants, ma voix devient plus aiguë, beaucoup plus forte aussi, et les mots qu'elle prononce ne sont pas tendres. J'ai les oreilles qui bourdonnent. Je me sens complètement étrangère à moi-même et en total décalage avec l'idée que je me fais d'une mère « suffisamment bonne ».

Une fois la vague passée, je suis mécontente après moi, après mes enfants. J'ai trop chaud, j'ai mal au ventre et je suis très fatiguée. L'image de cette mère folle furieuse n'est pas très belle, elle me choque. Et elle revient tellement souvent, désormais, que j'ai peur de n'être plus qu'elle. Chaque jour, je me dis que je vais faire un effort pour me retenir. On n'a pas le droit de se « lâcher » ainsi sur ses enfants. Quel exemple !

Dans les rares moments où je me retrouve sans eux, dans un environnement agréable et nouveau, je deviens radicalement différente. Les gens ne se rendent compte de rien, et heureusement : j'aurais trop honte. Car moi, je sais comment je suis avec mes enfants, et le contraste est tellement saisissant que j'ai presque l'impression de tromper les personnes qui se trouvent en face de moi. Je me dis que je suis hypocrite, parce qu'elles me prennent pour quelqu'un de sympathique, de gai, de calme… Comment leur expliquer que je suis deux êtres à la fois, qui ne se conjuguent plus de manière satisfaisante ? Lequel de mes deux moi va-t-il prendre le dessus ?

Parfois, je hurle à m'en casser la voix : « ARRÊTEZ !!! STOP !!! » Je les attrape et les tape sur les cuisses, les fesses. J'ai l'impression que rien ne peut me retenir. Je veux absolument qu'ils arrêtent, que tout s'arrête ! D'autres fois, je crie : « Pourquoi personne ne vient m'aider ? Je suis toute seule ! » Je sais très bien qu'on peut m'entendre de la rue. Je ne comprends toujours pas pourquoi personne, jamais, n'est venu sonner à la porte pour savoir ce qui se passait, ou même me dire de baisser d'un ton. Tout le monde s'en fiche. Les voisins me demandent parfois comment ça va. Je leur réponds que c'est difficile. C'est tout.

Ces crises sont récurrentes. Il ne se passe plus de journée sans que je les frappe – souvent, c'est plusieurs fois par jour. Évidemment, personne n'est là quand j'explose, sauf mon mari, qui n'est guère plus doué que moi pour maîtriser sa colère. Cette rage intérieure me dévore. J'essaie pourtant de la combattre, j'y mets toute mon énergie, mais le combat est inégal, et je me noie. Certains jours, le simple fait de tenter de me retenir me vide complètement. Toute ma volonté, toute ma vitalité sont absorbées par cette lutte. J'ai peur de succomber et d'en arriver à être vraiment violente envers mes enfants. Eux finissent par prendre l'habitude de lever les bras pour se protéger, même lorsque je ne fais que les gronder gentiment. C'est terrible ! J'ai honte et j'ai mal pour eux.

Il me faut à tout prix une solution de garde. J'entends parler d'une structure de la Croix-Rouge. Je m'y rends, mes enfants sous le bras.

La personne qui me reçoit m'explique qu'il s'agit d'un espace d'accueil d'urgence pour les enfants, et pour leur mère seulement si elle est en situation de grande précarité. Ils peuvent être hébergés pendant quelques jours, le temps de trouver un logement, par exemple. Clairement, mon cas est très différent, et pourtant moi aussi je me sens « à la rue » ! Comment expliquer qu'il y a danger pour moi ? On ne peut donc pas être aidé quand on est « riche » ? N'existerait-il pas de cas de maltraitance dans les classes dites « supérieures » de la société ?

Finalement, de quoi aurais-je besoin ? De la présence d'une tierce personne, à l'évidence. De quelqu'un qui ne juge pas, mais accompagne. De mots doux et apaisants, qui réconcilient et qui protègent du mal que vous êtes en train de faire à autrui et de penser de vous-même. J'ai besoin de quelqu'un qui me reprenne dans son regard pour me permettre de décrocher le mien de mes enfants. C'est la fonction du conjoint, je crois, mais dans notre couple cela ne marche pas comme ça. Pourtant Jérôme prend souvent spontanément le relais, il ne démissionne pas.

Je suis vidée.

La seule manière de faire comprendre aux gens ce que je vis serait qu'ils viennent voir par eux-mêmes. J'ai un besoin gigantesque que l'on m'écoute et me croie, mais pour cela il faudrait qu'un caméraman filme notre vie, à moi et mes enfants. Or, évidemment, dès qu'une tierce personne est là, tout est plus calme. Cette simple présence me détourne de l'objet de ma rage permanente.

Je suis épuisée

Non seulement il faut dire les choses plusieurs fois pour qu'un enfant comprenne, mais il faut le faire pour chacun, c'est-à-dire tout répéter trois fois ! Toute mon énergie y passe.

Un jour où je rends visite à mes parents, les enfants me font une belle crise au moment de repartir. Le motif ? Ils veulent monter dans ma voiture, et non dans celle de leur père, qui nous a rejoints. Ils se mettent tous les trois à pleurer, à crier, se débattent quand j'essaie de les pousser vers la voiture de leur père. Fatiguée, je cède. Au fond, quelle importance ? Jérôme et moi nous retrouverons à la maison dans dix minutes. Mon père désapprouve mon attitude : « Tu ne devrais pas accepter ça ! » J'encaisse et m'emploie en silence à attacher les enfants dans la voiture. Et puis, finalement, non, je ne veux pas me taire. J'en ai plus qu'assez de ces remarques désagréables. Je fais demi-tour et me plante devant lui sur le pas de la porte : « Tu auras le droit de faire des commentaires sur ma manière d'éduquer mes enfants quand tu te seras occupé d'eux pendant deux jours de suite ! » Je pars fâchée.

Je ne les supporte plus !

Petit à petit, je perds toute envie : de parler, de bouger, de m'occuper de mon mari, de mes enfants, de ma maison... Le plus difficile, c'est de commencer la journée. Je me réveille en proie à l'angoisse. Je n'ai pas la force d'y aller. Je ne veux plus de ces contraintes horaires, de ce bruit, de ces affrontements, de ces gestes cent fois réitérés. Je ne veux même plus voir mes enfants. Je ne veux plus rien donner : ni temps, ni mots. Je veux être seule, dans le silence, sans agression extérieure. Quand j'étais adolescente et que je bullais au soleil, ma pensée pouvait voyager. J'élaborais des théories, je me projetais dans l'avenir. Je rêvais, aussi, tout simplement, les yeux grands ouverts sur le ciel. Aujourd'hui, je n'en ai plus jamais la liberté, et je ne le supporte plus.

Certaines petites choses anodines me mettent en colère. Lors d'un festival de musique, nous nous arrêtons tous les cinq devant un stand qui vend des crêpes. Chacun fait son choix. Le mien doit être particulièrement alléchant, car les trois enfants me demandent un « croc ». Je râle, mais je donne. Et puis c'est Jérôme qui déclare qu'il aimerait bien, lui aussi, goûter ma crêpe. Là, j'explose. J'en ai par-dessus la tête qu'on m'enlève la nourriture de la bouche !

Une mère doit-elle forcément tout partager avec ses enfants, avec son conjoint ?

En définitive, je partage mes jours, mes nuits, mes repas, mes activités, mes bijoux et mon maquillage – qu'on m'« emprunte » régulièrement –, mon oreiller – que je retrouve souvent dans le lit d'un des enfants –, mes étoles – dont Charlotte raffole –, mes genoux – squattés à longueur de journée... Je n'ai plus rien en propre. J'ai du mal à me départir de l'idée de la mère qui doit tout donner à ses enfants.

Entre tous les petits événements qui me mettent à cran, les périodes de récupération sont insuffisantes. Je sature, l'épuisement s'installe.

J'ai souvenir des fessées qu'on m'administrait avec une cuillère en bois quand j'étais petite fille. Je n'avais jamais envisagé cette solution, mais je vais essayer. J'en ai trop marre. Il se révèle que le seul fait de dire : « Très bien, vous n'obéissez pas, je vais chercher la cuillère en bois » a une efficacité saisissante. Parfois même, sans un mot, je me contente de poser la cuillère sur la table. C'est suffisant, tout le monde a compris.

La relation que j'entretiens avec mes petits est devenue maltraitante. Je n'en peux tellement plus que j'en viens à ne plus vouloir de mes enfants. Et cela n'a rien à voir avec l'amour ! Après les avoir ardemment désirés, j'en suis trop pleine. J'ai l'impression que, pour garder un minimum d'équilibre psychique, il me faut choisir : c'est eux ou moi ! Mais aucune solution n'est acceptable : si je reste, je perds les pédales, donc je les condamne ; si je m'en vais, je les condamne aussi.

Je les aime infiniment, mais je ne sais pas, ou plus, être mère. Tous mes idéaux se sont envolés. Je croyais qu'il suffisait d'être à la fois tendre et ferme pour que tout roule à la maison. Nous avons mis en route une seconde grossesse alors que Charlotte n'avait pas encore passé le cap des 18 mois. Cela ne m'a pas laissé le temps de me « tester » en tant que mère, d'acquérir des compétences adaptées et variées, de trouver la juste distance à maintenir avec un enfant. Je manque cruellement d'une première expérience « digérée » et je me retrouve sans repères. J'ai enchaîné trop vite.

J'aurais besoin d'une aide considérable pour retrouver mon équilibre, et celle que je reçois est insuffisante. J'ai l'impression que mes enfants se construisent sur fond de mon exaspération permanente, et je suis sûre que rien de bon ne pourra sortir d'une telle éducation. Déjà, eux-mêmes crient beaucoup, exigent, semblent me « chercher » par leurs excès. Comme s'ils étaient en manque de mère, alors que je suis sans cesse avec eux. Est-ce que, paradoxalement, le fait d'être trop présente produit le même manque que le fait de ne pas l'être assez ? Je n'y comprends plus rien. Personne n'est là pour me donner une réponse, et d'ailleurs, pourrais-je seulement l'entendre ?

Je suis piégée dans un cercle vicieux, et il faut à tout prix que j'en sorte. Pour eux.

Jamais je n'ai connu un tel vide en tant qu'éducatrice spécialisée. Il y a eu, certes, des moments difficiles, mais pas de ceux qui vous font perdre confiance. J'étais, je crois, dynamique.

J'avais vraiment envie de faire progresser les enfants qui nous étaient confiés. Je me trouvais patiente, inventive. Le travail en équipe était particulièrement motivant, stimulant et sécurisant. Nous avions des temps d'« analyse des pratiques » et de réunion très enrichissants, qui nous permettaient de nous « poser » physiquement, donc aussi psychiquement. Ils favorisaient la réflexion et la remise en question. Parfois, le simple fait de parler d'un enfant pour lequel nous n'avions pas les « clés » induisait chez lui des changements de comportement. C'était très étonnant. Inévitablement, nos pratiques étaient modifiées par ces échanges.

Pourquoi est-ce que je ne me sens pas aussi bonne mère qu'éducatrice ? La réponse tient en partie, justement, à la dimension d'« équipe » : dans ma tâche de mère, je suis la plupart du temps dramatiquement seule.

Perte d'identité

Je supporte de moins en moins bien de n'être plus qu'une maman. D'ailleurs, je me sens toute drôle le jour où ma fille m'appelle par mon prénom. Je lui explique qu'effectivement je suis d'abord « Stéphanie », et qu'ensuite je suis la femme de mon mari et la mère de mes enfants. Pendant quelques jours elle joue avec mon prénom, puis elle en revient à « maman ». Finalement, qui m'appelle par mon prénom pendant la journée ? Pas mes enfants ; pas mon mari, qui dit facilement « ma chérie » ; pas davantage les gens que je croise – à la sortie de l'école, on se lance des « Bonjour, ça va ? », et chacun continue sa route… J'ai juste envie qu'on me dise « Stéphanie ». Cela arrive trop rarement pour que je puisse me sentir à nouveau considérée en tant que personne.

Dans les dîners où nous sommes invités, je suis parfois un peu mal à l'aise. De quoi puis-je bien parler ? Je suis déconnectée du monde. Entre mamans, les discussions restent faciles, mais avec des hommes je me sens démunie. Ils me demandent ce que je fais dans la vie, je réponds que je suis mère au foyer : fin de la discussion. Pas un n'a jamais essayé de pousser plus avant. Ils pourraient pourtant me demander si ça me plaît, si j'envisage de recommencer à travailler, si j'ai des activités à l'extérieur, comment je gère le quotidien avec trois petits, si j'étais préparée à cette vie… mais non. Pour beaucoup d'hommes, vous devenez tout simplement inintéressante à partir du moment où vous restez à la maison. Ceux qui sont bien élevés se montrent au moins un peu embarrassés de ne pas savoir de quoi vous parler. Ceux qui sont grossiers se tournent carrément vers une autre personne. Je me retiens toujours alors de faire une remarque désobligeante. Quand le gars est sympa, j'essaie de trouver un truc qui pourrait l'intéresser. Par exemple, j'évoque les travaux qu'on a entrepris. C'est vrai, c'est passionnant d'échanger ses vues sur le type de peinture qu'on a choisi pour les plafonds ou la façon d'obtenir ce qu'on veut des ouvriers…

Avant, il m'arrivait d'être drôle. Aujourd'hui, je suis souvent acide. Je me défoule sur mes frères, ma sœur et parfois mes parents, lâchant des petites phrases assassines qui font mouche. Mais mes mises en boîte ne font rire que moi.

De même, mon vocabulaire s'est considérablement appauvri. Je ne suis plus capable de bien réfléchir, je cherche mes mots. Tout se transforme en « truc », « machin », « bidule ». Cela énerve au plus haut point mon mari, qui aime la langue française et souhaite que ses enfants s'expriment correctement. Charlotte comprend toujours ce que je veux dire. Jérôme, lui, ne me suit pas du tout, et ça m'exaspère. Il attend de moi que j'utilise le nom exact de chaque chose, alors qu'une foule d'autres mots qui traduisent tout aussi bien ma pensée me viennent plus facilement à l'esprit. J'ai même parfois l'impression qu'il fait exprès de ne pas saisir de quoi je parle. Mais il est tout simplement ainsi.

Pour ma part, je m'attache davantage à l'aspect utilitaire de la parole qu'à son aspect esthétique. Si ce que je dis n'a aucun impact ni sur mes enfants, ni sur mon mari, alors à quoi bon parler ?

La distance s'installe

Petit à petit, je sens que, de plus en plus, les choses glissent sur moi. Certains réflexes tendent à disparaître. Je suis parfois comme indifférente à ce qui peut arriver à mes enfants. Si l'un d'entre eux trébuche, au lieu de me précipiter pour le rattraper ou pour amortir sa chute, voire pour le consoler s'il est déjà à terre, comme je le ferais en temps normal, je ne réagis pas : je le regarde, sans émotion, et je ne bouge pas. S'il pleure, je lui en veux presque de me tirer de ma torpeur, car alors je me mets à avoir mal pour lui.

Des trois enfants, Cyril est le plus casse-cou. Il me rend folle à enchaîner les chutes à un tel rythme, même si en fin de compte il pleure peu. J'ai longtemps cru qu'il était le plus résistant et le plus dur. Aujourd'hui, j'ai compris que c'était en fait le plus sensible et le plus fragile. Ses chutes étaient moins dues à sa témérité qu'à une difficulté à bien appréhender l'espace. C'est terrible de réaliser *a posteriori* à quel point on a pu se tromper.

La distanciation avec le monde qui m'entoure se traduit également par une incapacité à prendre en compte mon environnement. Je ne m'écarte plus si un enfant est sur mon passage ; je le bouscule et continue mon chemin, en le regardant à peine, même si je l'ai fait trébucher. Je suis comme dans une bulle. Je ne le fais pas exprès. J'ai acquis des automatismes sur lesquels se construit mon quotidien. La maison « tourne ». Les tâches ménagères sont accomplies : il y a du linge propre dans les placards, de la nourriture dans le frigo. Les enfants sont bien soignés, ils sortent, jouent, expérimentent. Ils sont souriants et pas sauvages. Cela me rassure. Mais ce petit tableau idéal empêche les autres, à l'extérieur, de percevoir ce qui va mal à l'intérieur.

Je ne me reconnais plus. Il me semble que, avant d'avoir des enfants, j'étais quelqu'un de tenace, qui faisait front face aux difficultés.

J'avais des ressources intérieures, une bonne dose de culot, envie de réaliser des choses. J'étais attentive aux autres, l'humain m'intéressait profondément. Mon métier d'éducatrice spécialisée était en étroite relation avec cela.

Aujourd'hui, je suis loin de mes propres enfants. Comment est-ce possible ? Suis-je épuisée au point de ne jamais pouvoir me relever ? Cette idée me fait frémir. C'est la première fois de ma vie que je me pose une telle question. La maternité m'a atteinte dans mes réserves physiques et psychologiques. Je vis cela comme une épreuve dont je ne suis pas certaine de sortir vainqueur.

La fuite pour récupérer

Il me prend très souvent l'envie de partir, de quitter toute la famille. Par trois fois, lors de sorties dans un parc, je suis à deux doigts de franchir le pas. Je me vois m'éloigner pendant qu'eux jouent dans leur coin. Je me dis qu'ils ne se rendront pas tout de suite compte de mon absence et que les autres mamans verront vite qu'ils sont seuls. Alors elles donneront l'alerte. Et moi, pendant ce temps, je pourrai dormir, ou simplement essayer de retrouver mes propres sensations.

Pour moi, l'opinion et les pouvoirs publics devraient cesser de stigmatiser les mères qui abandonnent leurs enfants. Le plus souvent, où les laissent-elles ? Au bord d'un ravin ? Non, dans un endroit où il y a du monde.

Nous sommes pris tous les cinq dans un cycle infernal qui nous abîme. Je ne veux rien qui aille à l'encontre du bien de mes enfants, au contraire. Mais comment les protéger alors que je suis moi-même en détresse ? Quand l'épuisement s'est installé, la seule chose à laquelle on aspire, c'est que « ça s'arrête ».

Lorsque des idées de fuite me traversent l'esprit, je réfléchis aussi au fait que je serai recherchée et punie. Et pour mes enfants, qu'est-ce que ce sera, d'avoir une mère condamnée ? J'ai pitié. Je reste dans le parc, à ruminer ma rage et mon impuissance. Je ne déserte pas physiquement, mais je me prends à rêver de ne pas avoir d'enfants – de ne pas en avoir eu, car m'imaginer ne *plus* en avoir implique de supporter un manque immense.

Il va falloir que je trouve quelque chose pour m'en sortir – pour nous en sortir.

Sortir la tête de l'eau

Je suis bien consciente que le changement ne peut pas venir des enfants, il doit venir de moi.

J'appelle la PMI (protection maternelle et infantile) de ma ville. Les mots « protection maternelle » me laissent espérer que quelqu'un va pouvoir m'aider. Pourtant, une dame me répond : « Ah non, madame, ici on va s'occuper de votre bébé, pas de vous. Si vous avez des problèmes avec vos enfants, il faut aller voir un psychologue en ville. » Je lui fais part de ma surprise et de mon incompréhension, mais cela ne sert bien sûr à rien. Devant mon insistance, elle finit par me donner les coordonnées d'un centre médico-psycho-pédagogique. Elle m'explique que je dois m'y rendre avec une demande précise concernant l'un de mes enfants. Les consultations sont gratuites.

Immédiatement, j'appelle le centre. J'arrive à obtenir un rendez-vous dans les trois semaines, ce qui est tout à fait inespéré. Jérôme est au courant de ma démarche, mais il n'en est pas ravi. Je l'ai entreprise sans attendre son consentement.

Le jour dit, je me présente, seule, pour parler de ma fille, qui me fait la vie dure avec ses reproches incessants et ses plaintes. Je n'ai pas envie qu'elle perde sa gaieté, et surtout j'ai peur que nos relations se dégradent durablement. Je veux agir avant qu'il ne soit trop tard.

La psychologue qui me reçoit est suffisamment attentive pour comprendre que c'est plutôt moi qui ne vais pas bien. D'ailleurs, il est assez facile de s'en rendre compte : je pleure continûment. Elle m'écoute. Je parle de mes difficultés à réagir, de ma crainte de gâcher les premières années de mes enfants, de l'atmosphère tendue dans notre couple, de l'incompréhension de mon entourage, du manque de soutien de ma mère…

Deux semaines plus tard, la psychologue me reçoit avec ma fille, qu'elle fait sortir au bout d'un moment pour rester seule avec moi. Elle me rassure : Charlotte va bien, mais il faut travailler la distanciation entre elle et moi.

Effectivement, Charlotte a pris l'habitude de se relever chaque soir pour aller prendre mon oreiller dans mon lit ; à la place, elle me laisse un petit cadeau, puis retourne se coucher dans sa chambre. Elle a besoin de mon odeur pour s'endormir. Quand je vais me coucher à mon tour, je passe l'embrasser dans son sommeil et récupérer mon oreiller, puis je me rends dans ma chambre pour voir quel cadeau elle m'a préparé. Je suis émerveillée par ses trouvailles : elle invente de merveilleux petits bricolages (que je conserve précieusement), me confie les jeux qu'elle aime le plus (que je rapporte dans sa chambre le lendemain), met en scène des objets (par exemple un collier disposé en forme de cœur)... Au travers de ces menus trésors, je perçois tout l'amour qu'elle me porte, et cet amour me réchauffe. J'adore ce moment de la découverte avant d'aller dormir. Il me fait oublier toutes les déconvenues de la journée.

Un soir où Jérôme est absent, Charlotte demande à dormir avec moi. Je refuse gentiment. Elle râle un peu, mais accepte de se coucher dans son lit. Quand je monte me coucher un peu plus tard, je la trouve endormie à ma place. Percevant ma présence, elle se réveille. Je lui demande : « Pourquoi n'es-tu pas dans ton lit ? – Ce soir, c'est moi le cadeau ! » répond-elle. Je cède et elle finit la nuit avec moi.

La psychologue demande à Charlotte de mettre un terme à cette habitude. Ses affaires sont ses affaires, et les miennes sont les miennes ; chacune à sa place. C'est un coup dur pour moi. Mais j'ai décidé une fois pour toutes de faire confiance à cette professionnelle : il faut bien que je fasse confiance à quelqu'un si je veux avancer. Je proteste un peu lors de nos entretiens en tête à tête, une fois rentrée chez moi je vais complètement dans son sens. En renonçant à ce petit plaisir du soir, j'aide ma fille à intérioriser ma présence pour qu'elle puisse trouver le sommeil sans nécessairement tenir entre ses bras quelque chose qui m'appartient. Nous faisons des petits jeux où je lui demande de fermer les yeux et d'imaginer des scènes où nous sommes ensemble. Je l'encourage aussi à jouer à la maman ou à la maîtresse avec des petits personnages – je l'accompagne parfois car elle est vite en panne d'imagination. Petit à petit, nos relations mère/fille s'améliorent.

C'est aussi à cette période que je découvre l'existence de lieux d'accueil parents-enfants. Les garçons ont déjà plus de 2 ans, mais mieux vaut tard que jamais !

J'hésite longtemps avant de m'y rendre. En effet, je me dis que, si un jour je veux postuler à un poste d'éducatrice spécialisée dans une structure de ce genre, on risque de ne pas me prendre au sérieux du fait que je l'ai fréquentée comme utilisatrice. Une amie psychologue qui aurait besoin de soutien avec son fils se fait d'ailleurs la même réflexion. On se rend compte qu'il n'est pas si simple pour un professionnel du secteur social d'aller y chercher de l'aide...

Finalement, je me décide à franchir la porte, et par la suite j'essaie de venir régulièrement. À peine sommes-nous entrés que les enfants partent jouer. Ils sont sages et requièrent peu de surveillance. Les locaux sont très bien conçus. Je m'assieds et accepte le thé que les accueillantes me proposent. En général, je parle peu. Le silence me repose. J'écoute surtout ce que racontent les autres mères.

Malgré ces petites soupapes, je ne me vois pas repartir pour une année scolaire entière dans ces conditions. Il faut que mes garçons entrent à l'école. J'ai d'autant moins mauvaise conscience qu'ils m'ont l'air plutôt dégourdis pour leur âge, qu'ils adorent les activités manuelles et... qu'ils s'ennuient beaucoup à la maison. Je dois me mettre à la recherche d'une école pouvant les recevoir, car celle de

Charlotte n'accueille pas de pré-petite section. De toute façon, cette année, ce sera eux ou moi à la maison ; s'il le faut, je ferai le tour de la ville pour dénicher une école. J'ai la chance de trouver de la place dans une maternelle de mon quartier.

Maintenant que la rentrée est organisée, nous pouvons penser aux grandes vacances qui arrivent.

Un défi en solitaire

J'ai besoin d'être un peu seule. Je ne sais plus de quoi je suis capable ni où sont mes limites. Je propose à Jérôme qu'il parte en week-end chez ses parents avec les enfants. Nous nous retrouverons dans quatre jours dans ma famille, à la campagne. Je lui confie ma valise, car j'ai décidé de faire le trajet à vélo. Je ne suis pas montée sur une bicyclette depuis cinq ans, mais la perspective de ce périple me réjouit. Après leur départ, je reste deux jours seule dans notre maison. J'ai de quoi m'occuper, entre le rangement et la remise en état de mon vélo.

Je choisis de prendre uniquement des départementales, ce qui va me rallonger un peu. Il y a quatre-vingt-dix kilomètres entre mon domicile et La Gacilly. Je m'organise pour faire une halte à mi-chemin, chez un cousin habitant à Blain.

Après une mauvaise nuit, je me lève, prépare une bouteille d'eau, quelques fruits secs, de quoi me protéger de la pluie et une carte. À 9 h 30, je quitte la maison. Le temps est couvert et il y a du vent. Je prends facilement le rythme et avale sans encombre une trentaine de kilomètres. Le déjeuner est bienvenu. Je suis fatiguée et mes muscles me font mal. Mon postérieur commence à être douloureux. Dans le bar où je me suis arrêtée, je rencontre un ouvrier qui me propose de me déposer à Blain. C'est gentil, mais non, merci. Je repars en lui adressant un grand signe de la main.

À 13 heures, j'arrive à une bifurcation. Soit je prends la direction de Blain, que j'atteindrai dans une demi-heure, soit je continue en direction de Redon. Il est tôt et je sais qu'il n'y aura personne chez mon cousin avant 18 heures. Je n'avais pas prévu d'arriver si vite à destination. Je décide finalement de ne pas faire escale à Blain et de poursuivre ma route : si j'ai parcouru quarante-cinq kilomètres en trois heures, je dois pouvoir arriver à La Gacilly avant la nuit.

J'enfourche mon vélo, et c'est reparti. Mon fessier est bien endolori, mais je suis motivée. Je pédale tranquillement. Une première grosse averse vient me surprendre. Je me retrouve trempée de la tête aux pieds avant même d'avoir eu le temps de sortir ma cape de pluie. Mais voilà déjà un rayon de soleil, et quelques kilomètres plus loin je suis de nouveau sèche. Il faut dire qu'il y a un fort vent contraire, très efficace contre le linge mouillé, mais qui m'oblige aussi à pédaler plus fort. Lorsque survient la deuxième averse, je suis mieux organisée et je m'abrite pour laisser passer le grain.

Je m'accorde une petite sieste dans un pré en bordure de route. J'ai peur qu'un agriculteur me trouve endormie là : je me sentirais un peu bête…

Trois quarts d'heure plus tard, je suis de nouveau en selle. Mes épaules me font souffrir. La position penchée en avant n'est pas du tout naturelle et je n'ai aucun entraînement. J'essaie de me redresser en tenant le guidon d'une seule main.

Pour passer le temps, je regarde le paysage. C'est fou ce qu'on voit comme cochonneries sur les bas-côtés ! Ça n'est pas joli, joli. En voiture, on passe trop vite pour pouvoir s'en rendre compte. Je chante, aussi, je réfléchis, je prie. Parfois, je m'arrête pour passer un petit coup de téléphone et tenir les autres informés de l'avancée de mon périple.

J'ai de plus en plus mal aux fesses et aux épaules, et partout ailleurs aussi, mais je tiens le coup. Je suis clairement beaucoup plus forte seule qu'accompagnée. Je suis persuadée qu'avec quelqu'un à mes côtés j'aurais râlé, je me serais plainte, et cette longue promenade aurait viré au cauchemar. Là, je ne peux compter que sur moi-même. Quand le corps fait des siennes, le seul moyen pour trouver la force de continuer, c'est de se raisonner. Je réalise à quel point le mental est essentiel. C'est une leçon que je tirerai de cette expérience et qui m'aidera dans mon quotidien.

Je ne pense pas à mon point d'arrivée, mais je progresse kilomètre par kilomètre. Je vise maintenant Redon. J'ai tellement mal que je ne peux pas rester en selle tout le temps. Désormais, dans les côtes, je marche à côté de mon vélo. En descente, je me laisse aller, essayant de prendre le maximum d'élan pour la côte suivante. Sur le plat, je serre les dents. J'ai aussi des petits moments de cafard où je me demande pourquoi je fais ça.

Enfin, Redon est en vue ! En voiture, quand on arrive à cet endroit, on sait qu'on est à un petit quart d'heure du but. À vélo, il faut encore se donner un peu de mal : il reste quatorze kilomètres... Ces derniers kilomètres sont terribles, mais je vois enfin le bout. À 19 h 30, je passe le portail de chez mes parents.

Mon père a peine à croire que je suis venue à vélo depuis Nantes. Pour moi, c'est un exploit. Maman me donne quelques granulés homéopathiques pour atténuer les courbatures du lendemain. Je recommande, c'est très efficace ! En revanche, mon « siège » est aussi endolori qu'après un accouchement, et je mettrai plusieurs jours avant de pouvoir remarcher normalement.

C'est une grande satisfaction pour moi de voir que je peux encore réaliser quelque chose seule. J'avais besoin de me tester pour savoir ce que je valais.

Les vacances avec la famille élargie

Pour le reste de l'été, il faut s'organiser, car les déplacements avec des enfants en bas âge ne sont pas si aisés. Jérôme et moi avons la chance d'avoir des parents qui peuvent nous accueillir à la campagne. Ainsi, qui dit vacances dit aussi, souvent, dépaysement.

Quand les garçons sont encore bébés, c'est assez simple : ils dorment dans le même lit, et l'allaitement me permet de limiter les bagages.

Mais, progressivement, nous devons choisir des logements adaptés. Les enfants grandissant, certaines choses deviennent dangereuses pour eux. Nos parents respectifs s'équipent en chaises hautes, en lits pliants, etc. J'apprécie particulièrement cette démarche : ainsi, nous n'avons pas à apporter tout notre équipement. Chez mes beaux-parents, nous logeons tous dans la même maison, souvent avec de grands cousins, des oncles, des tantes. Mon beau-père a eu la bonne idée d'installer un petit grillage autour de l'immense bac à sable. Cela nous permet de laisser jouer les garçons en relâchant notre attention. Chez mes parents, nous sommes indépendants, dans une petite maison attenante à la leur. C'est agréable, car nous organisons notre emploi du temps comme nous le souhaitons. Le problème est que cette maison n'est pas du tout adaptée pour les enfants, surtout quand je m'y retrouve seule avec eux, ce qui est le cas la plupart du temps. Il n'existe pas d'endroit où les mettre en sécurité, ne serait-ce que le temps d'une douche.

Je demande à mon père d'installer une sorte de grand enclos dans le jardin pour pouvoir laisser les enfants jouer quelque temps sans ma surveillance. Tout d'abord, il refuse. Cela va gâcher le paysage et lui réclamer beaucoup de travail, alors qu'il fait déjà quantité de travaux pour tout le monde. J'insiste. Il reste sur sa position. J'explose : soit il me fait ce fichu parc, soit je prends mes cliques et mes claques et je rentre chez moi !

Ma mère intercède en ma faveur, et j'obtiens ainsi la possibilité d'aller aux toilettes, de prendre une douche ou de préparer un repas sans craindre pour la sécurité des jumeaux. Charlotte est beaucoup plus adroite et prudente que ses frères, et elle a une cousine de son âge avec laquelle elle peut jouer. De plus, elle n'a jamais requis autant de surveillance que ses frères.

Les vacances à cinq

Cette année, Jérôme souhaite que nous partions tous les cinq. C'est vrai que cela ne nous est jamais arrivé. Nous nous mettons d'accord pour tenter une semaine dans le Gers. Je le convaincs de prendre la tente. Je ne veux pas de location « en dur », ce ne sera pas adapté.

Nous partons de Nantes un matin, très tôt. Les enfants finissent leur nuit dans la voiture. Jérôme a déniché un camping à la ferme pour trois francs, six sous, perdu dans un hameau.

L'endroit est en pleine nature, il y a une belle vue et même une piscine. Les emplacements sont ombragés. Nous en choisissons un à égale distance d'un portique et des sanitaires. Il doit y avoir une quinzaine de tentes dans tout le camping. Super, un peu de calme ! Je suis ravie.

Nous plantons la tente pendant que les enfants courent à droite et à gauche. Les possibilités de bêtises sont peu nombreuses et il y a de l'espace. J'ai prévu trois petits matelas et des sacs de couchage. La tente est composée de deux « chambres » pouvant accueillir trois adultes chacune. Nous sommes installés comme des pachas : pas de chaises hautes, pas de lit à barreaux, pas de désordre, rien à casser, un minimum de vaisselle, pas de machines à faire tourner, pas de téléphone qui sonne quand on donne le bain. Une maison, c'est bien, mais quelle charge de travail !

La journée, nous partons en balade. Nous visitons des monuments, des châteaux… Nous calculons nos déplacements pour que les enfants puissent faire la sieste pendant les trajets. Le midi, nous pique-niquons. Le soir, nous déshabillons les enfants sous la tente et les envoyons tout nus aux douches. J'adore voir mes trois loustics courir nus dans la nature. Une fois propres, ils reviennent enfiler leur pyjama.

Un soir, le vent se lève. Le bruit dans les arbres est impressionnant. Je crains que les enfants n'aient peur, mais je ne fais aucune remarque en les mettant au lit. Jérôme et moi lisons tranquillement jusqu'à ce qu'il fasse trop noir. Nos enfants discutent. J'entends Charlotte, âgée de 4 ans, rassurer l'un de ses frères : « C'est juste du vent. » Puis ils s'endorment tous les trois. De mon côté, je fais le tour de la tente pour vérifier que les piquets sont bien plantés. Finalement, c'est si simple. Les parents prêtent parfois à leurs enfants des frayeurs qu'ils n'ont pas. Dès la première nuit, ils m'ont étonnée : c'est comme s'ils avaient toujours dormi dehors. Aucun problème d'endormissement, pas de cauchemars. Ils s'adaptent tellement facilement.

Nous sommes bien tous les cinq. Je retrouve un vrai plaisir à être avec eux. Toutes les contraintes liées à l'entretien d'une maison s'envolent comme par enchantement. Cette vie simple, avec le minimum nécessaire, me rend infiniment plus libre et disponible pour les choses essentielles. Ces vacances sont l'occasion de laisser derrière moi une partie de ma vie d'aliénée. Bien sûr, il y a encore quelques tâches indispensables, mais elles n'interfèrent pas dans ma relation avec mes enfants. Je revois mes exigences à la baisse et c'est une bonne leçon. Je fais maintenant de plus en plus souvent le choix de ne pas intervenir auprès d'eux et de m'« économiser ». Les « Mouche ton nez ! », « Attention à ne pas renverser ! », « Dis bonjour au monsieur ! » sont-ils toujours indispensables ?

La vie dans la nature aide beaucoup à ce relâchement. D'aussi loin que je me souvienne, j'ai toujours trouvé en elle de l'apaisement. Dehors, les bruits sont moins forts qu'en ville. Les bouquets d'odeurs me font du bien, même les moins agréables. Je sens le souffle de l'air sur moi. J'adore entendre la pluie tomber sur la toile de tente et nous sentir bien à l'abri. Même le petit déjeuner est meilleur les pieds dans l'herbe. Toutes ces sensations me remplissent. J'adore aussi cette espèce d'existence en « tribu », où nous sommes tellement proches les uns des autres.

Cette semaine de vacances passe bien vite, mais nous en gardons de beaux et bons souvenirs. C'est important d'avoir ces petits trésors à raconter plus tard.

De retour à Nantes, les enfants reprennent leurs habitudes de bêtises et leurs colères. Moi, je retrouve mon rythme quotidien et son lot de contraintes.

L'entrée des garçons à l'école

En septembre 2007, Cyril et Rémy font leur rentrée en pré-petite section. Ils ont tout juste 2 ans et demi. J'ai l'impression qu'ils vivent bien ce changement. L'adaptation se fait sans pleurs. Très vite, je commence à les laisser de plus en plus souvent l'après-midi. Ils sont à peine propres pendant la sieste, mais je fais comme si...

Les trajets pour déposer les enfants, en revanche, sont pénibles. Nous habitons à égale distance de l'école de Charlotte et de celle des garçons, mais, comme les horaires se chevauchent, c'est la course permanente. Être en retard me stresse toujours autant. Je dépose d'abord Charlotte, car sa directrice est très à cheval sur la ponctualité. Celle de l'école des garçons est plus compréhensive. Je lui ai expliqué la situation, et elle sait que je fais de mon mieux.

Il n'empêche que je suis obligée de faire courir les enfants avec moi pour que nous soyons à l'heure. Le matin, ils sont en forme et suivent le rythme. Mais, à la pause déjeuner, c'est terrible. Je commence par les jumeaux, qui sortent cinq minutes avant Charlotte. Ils sont épuisés, ils ont faim, ils pleurent et demandent à être portés.

Moi je les traîne, les tire, les pousse pour qu'ils montent dans la voiture. Puis, arrivés à l'école de Charlotte, je les fais descendre, nous devons tous courir, je récupère ma fille et nous partons pour la maison. Chaque jour, mes trois enfants pleurent. Je suis navrée.

Au bout de quelques semaines, je décide de les laisser à la cantine de temps en temps. Je crois que c'est mieux pour eux. Plusieurs personnes m'expliquent qu'il est plus facile pour un jeune enfant de ne pas voir sa journée coupée. L'entendre dire me procure un bien fou : ainsi, je ne me fais pas l'impression d'une mère démissionnaire, mais d'une mère qui s'adapte aux besoins de ses enfants.

Cependant, comme j'ai aussi entendu qu'il n'était pas souhaitable que les enfants restent déjeuner à l'école en maternelle, je m'efforce de les ramener le plus souvent possible à la maison. Quand c'est le cas, je les garde également tous les trois pour la sieste. Le rythme est moins soutenu et tout le monde est content.

Bizarrement, les problèmes de réveils nocturnes des garçons cessent un mois après leur entrée à l'école. Je ne me l'explique toujours pas. Cela fait des mois et des mois qu'ils perturbent nos nuits. Malgré tout, je mets du temps à reprendre un rythme à peu près normal. Si je compte la période de grossesse, cela fait trois ans que je n'ai pas eu une nuit complète...

L'entrée de Cyril et Rémy à l'école me permet enfin de passer quelques heures par jour seule à la maison. Dire que j'apprécie est un euphémisme. Je prends maintenant du temps pour réfléchir. Je peux remettre en activité une partie de mon cerveau restée si longtemps inerte. Parfois, je m'endors, sereine, certaine qu'aucun pleur ne viendra me tirer de mon sommeil.

Je suis persuadée que je ne suis pas la seule mère de jumeaux à vivre ce type de situation. Ma sœur me rappelle souvent que mes difficultés viennent aussi du fait que j'avais déjà Charlotte quand mes garçons sont nés. Il n'empêche. J'élabore trois « théories » qu'il me faut vérifier au plus vite :

1. il y a un risque accru de maltraitance avec des jumeaux ;
2. les mères d'enfants multiples ont une plus forte tendance à la dépression ;
3. avoir des enfants multiples fragilise les couples.

Je commence à passer des heures sur Internet. Je tape sur des moteurs de recherche « jumeaux et maltraitance », « mère, dépression et jumeaux », « couple et jumeaux »... Un jour, je tombe sur des chiffres, de vraies études, des articles riches et détaillés. C'est un choc. Je pleure. Je pleure enfin. Je pleure, seule dans mon salon, devant mon ordinateur qui me dit que ce que je vis est reconnu par d'autres, des professionnels qui se sont penchés sur ces questions. Mes trois hypothèses sont fondées. C'est comme si j'avais tout bon à un examen, comme si j'étais « intelligente ». Chaque jour j'épluche les pages Web, et chaque jour je pleure. Ma colère et ma rage se liquéfient en larmes au fil de mes lectures.

Je me prends à espérer que Jérôme va rentrer à l'improviste et me trouver ainsi, les joues mouillées, les yeux rouges. Plusieurs fois, le miracle se produit. Il est d'abord surpris de me voir dans cette posture, puis nous parlons. Je le sens proche et compatissant. Ma tristesse nous fait du bien à tous les deux. Signe d'une sorte de « lâcher prise » à l'intérieur de moi, comme si chaque larme se chargeait de faire fondre un peu la carapace dans laquelle je me suis enfermée. Mes défenses se traduisaient par une certaine rigidité, une grande exigence et une volonté de contrôle. Cette dureté apparente a souvent mis de la distance entre Jérôme et moi. Que je laisse libre cours à ma sensibilité lui permet de m'approcher avec tendresse.

De façon surprenante, le simple fait de savoir que je ne suis pas la seule à être « larguée en pleine mère » me procure un grand soulagement. Jusque-là, j'étais envahie de sentiments négatifs au sujet de la relation à mes enfants. Je ne me sentais pas une mère monstrueuse, mais « pas suffisamment bonne ». Aujourd'hui, je peux enfin mettre un mot sur mon état : « épuisement ». Voilà le poison qui s'est infiltré dans ma vie parce que j'ai voulu tout faire, et toujours répondre au plus près aux besoins de mes enfants. C'est une histoire qui aurait pu mal finir.

Petit à petit, je récupère de ces longs mois de fatigue intense. Je suis encore souvent à cran, mais les crises sont moins fréquentes.

La reprise en main

En mars, aux 3 ans de Cyril et Rémy mon congé parental se termine. Je n'ai pas envie de reprendre mon travail d'éducatrice spécialisée. Je crois que le moment est venu pour moi de me réorienter. De toute façon, je n'ai plus la patience, l'envie ni l'énergie nécessaires pour occuper mes anciennes fonctions. Ma remplaçante, en poste depuis maintenant trois ans et demi, sera ravie de passer enfin en CDI.

Je rencontre mon directeur et nous essayons d'imaginer une solution pour que je sois licenciée. Il me suggère l'abandon de poste, car il n'a pas de motif pour me licencier. L'agent de Pôle emploi avec qui j'ai pris rendez-vous me conseille lui aussi cette solution. Il me recommande surtout de ne pas démissionner : cela entraînerait la perte des

Assedic et de l'accompagnement individuel par Pôle emploi.

Je suis très surprise. Je m'attendais à ce qu'on essaie de me culpabiliser pour vouloir quitter un poste alors que j'ai la chance d'en avoir un. Bien que le mot « abandon » me déplaise, j'accepte cette solution. Le jour de ma reprise officielle, je ne me présente pas à mon travail. Ma remplaçante, elle, vient comme d'habitude. Tout se passe bien. En quelques semaines, les démarches sont bouclées : je suis officiellement demandeuse d'emploi. C'est la première fois que cela m'arrive, et je ne suis pas très à l'aise avec ce statut.

Je me présente bien gentiment à tous les rendez-vous que me fixe Pôle emploi. Enfin, j'ai des activités qui ne sont pas liées aux besoins de mes enfants ! Très vite, une conseillère me propose un bilan de compétences ; je n'osais même pas l'espérer. Elle prend connaissance de mon parcours professionnel et personnel. Elle ne sourcille pas en voyant la cause de mon licenciement : « Dans votre situation, c'est normal que vous ayez besoin de changer. » Incroyable : cette femme prend en considération ma situation personnelle sans que j'aie besoin de me justifier ! C'est fabuleux. J'avais entendu dire beaucoup de mal de l'ex-ANPE et je ne m'attendais pas à un accueil si humain. Par la suite, je rencontrerai également des conseillers hommes, et jamais je ne percevrai le moindre jugement de leur part quant à mes choix.

À la maison, les enfants acquièrent un peu plus d'indépendance et jouent souvent seuls dans leur chambre. Les garçons me font un peu penser à de jeunes chiots : ils roulent au sol l'un sur l'autre et se bagarrent gentiment. Ces joutes les font mourir de rire, et comme ils sont de force égale, elles peuvent durer longtemps. Mais tout ne prête pas toujours à rire et les bêtises continuent. Mes garçons ont entrepris de jouer en douce au coiffeur. Après s'être coupé mutuellement les cheveux, ils taillent des franges à la nappe de la salle à manger. (Elle sera rafistolée et un passage chez le coiffeur redonnera à mes fils un peu d'allure.)

Je cherche toujours un moyen de réparer leurs bêtises. C'est ma manière de surmonter ma déception, et aussi de ne pas accepter. Certaines de mes amies se contentent de jeter ce qui est cassé. Moi, je ne peux m'y résoudre. Je trouve donc systématiquement une solution. J'ai d'ailleurs installé un panier qui reçoit toutes les victimes de Destructor et d'Atomisator –

c'est ainsi que Jérôme et moi avons surnommé nos deux garçons. Pas un jour ne passe sans casse, et le panier se remplit plus vite qu'il ne se vide. Mes enfants ont parfaitement intégré l'idée que je parvenais systématiquement à recoller les morceaux. Pourquoi donc s'abstenir de casser et d'abîmer ?

En juin, l'école des jumeaux organise trois jours de classe de mer. Je suis aux anges : Cyril et Rémy font partie des quatre « pré-petits » à qui les maîtresses ont proposé d'être du voyage. Le jour du départ, de nombreuses mamans pleurent en voyant leur enfant monter dans le car. Les miens sont enchantés, c'est l'aventure ! Avec un grand sourire, ils me font au revoir de la main par la fenêtre. Je repère une maman qui me paraît être dans les mêmes dispositions que moi : elle n'est pas en larmes, et son fils a l'air content de partir en séjour. Nous échangeons quelques mots et je l'invite à passer à la maison avec son mari le soir même. La soirée se prolongera jusqu'à 4 heures du matin... Depuis, nous avons noué une belle amitié. C'est une femme pleine de bon sens, sereine, avec laquelle je peux discuter pendant des heures. Son garçon est adorable et s'entend très bien avec les nôtres ; ils adorent aller jouer chez lui, où on les accueille toujours avec gaieté et gentillesse. Cette amie est pour moi un précieux soutien.

Charlotte profite pleinement de l'absence de ses frères durant leur classe de mer. Elle ne cesse de me répéter qu'elle est trop bien sans eux. Je dois dire que, moi aussi, j'apprécie le calme de la maison et de n'avoir qu'un enfant à ma charge…

Une révolution dans les transports

À cette période, je réfléchis à ce qui pourrait techniquement améliorer mon quotidien. Les trajets pour l'école restent pénibles et fatigants. Je me dis qu'il doit bien exister une alternative à la voiture.

En tapant « transport d'enfants, véhicule écologique » dans un moteur de recherche, je découvre le triporteur. Cet engin fabuleux permet de transporter entre un et quatre enfants dans un coffre situé entre les deux roues avant. C'est un mode de transport économique, écologique et sportif qui paraît correspondre à tous mes critères.

Il me faut absolument faire un essai avant de me lancer dans un tel achat. Après de nombreuses heures de recherches sur Internet, je finis par trouver un vendeur à une soixantaine de kilomètres de chez moi. Je vais tester l'engin sur place et signe immédiatement le contrat de vente. Quelques semaines plus tard, mon triporteur est livré. Je suis comblée. Malheureusement, je me rends très vite compte que le relief autour de chez nous va rendre mes sorties épuisantes.

Je renonce finalement au triporteur, que je retourne au vendeur dans le délai légal de rétractation de sept jours, et je commande un biporteur doté d'une assistance électrique. Pendant les quatre mois qui s'écoulent avant que je ne le reçoive, je me projette dans l'avenir avec ce nouveau jeu. J'en rêve même la nuit. Je sais que c'est un peu disproportionné, mais je me sens comme une enfant qui attend avec impatience un cadeau longuement espéré.

La rentrée pour tous

En septembre 2008, les trois enfants sont enfin dans la même école. Les garçons entrent en petite section et Charlotte en grande section. La rentrée se passe sans encombre. Cyril et Rémy connaissent déjà l'école pour être venus chaque jour de l'année passée y chercher leur grande sœur avec moi. Jérôme et moi avons fait le choix de mettre nos fils dans la même classe. C'est surtout moi qui y tiens : je pense que cela leur fera du bien d'être ensemble pendant la période d'adaptation.

Mais leur maîtresse fait rapidement état de difficultés. Elle me raconte chaque jour les nouvelles idées qu'ont eues mes petits chéris. Trois semaines après la rentrée, elle nous invite à la rencontrer en présence du directeur. C'est une institutrice en laquelle j'ai toute confiance. Charlotte est passée par sa classe et j'en garde un très bon souvenir. Elle est douce, calme, admirablement gentille avec les enfants et tout à fait ouverte à l'échange avec les parents.

Il semblerait que laisser mes jumeaux dans la même classe ne soit pas une bonne idée. Ils se croient tout permis à partir du moment où ils sont ensemble. Dès que l'un a terminé son travail, il court voir où en est son frère et le perturbe dans son activité. L'excitation permanente qui existe entre eux ne les aide pas à se poser calmement. De plus, ils entraînent d'autres petits garçons, trop heureux de pouvoir faire du chahut.

La maîtresse propose, dans leur intérêt, que l'un des deux passe dans l'autre classe. Je le comprends, mais j'en ai gros sur le cœur. Je suggère de « déplacer » plutôt Rémy : Cyril étant le plus turbulent, je ne veux surtout pas qu'il pense qu'il est puni.

Nous invitons nos petits écoliers modèles à entrer dans la classe pour leur rendre compte de cette décision. J'ai demandé à l'institutrice de se charger des explications, car j'ai trop envie de pleurer. Elle le fait en quelques mots très simples : nous pensons qu'ils ont grandi et qu'il est mieux pour eux d'avoir chacun sa maîtresse et ses petits amis. Elle enjoint à Rémy de prendre ses affaires, ses petits bricolages en cours, et d'aller s'installer dans la classe d'à côté. Ni lui ni Cyril ne manifestent la moindre opposition. Rémy a même l'air ravi. Il fait le tour de sa nouvelle salle de classe et dépose tranquillement ses affaires. Cyril l'observe.

Quand la maîtresse me demande si ça va, je fonds en larmes. C'est très bête de ma part, mais je ne peux pas me retenir. Comme je sens de la compréhension chez elle, je lui expose sincèrement le pourquoi de cette tristesse : cela fait trois ans et demi que je peine avec mes jumeaux, et ma seule consolation est le regard des gens. Contrairement à d'autres mères d'enfants multiples, je ne suis pas fâchée lorsqu'on m'arrête dans la rue pour me demander si ce sont de vrais jumeaux, si ça n'est pas trop dur, quel âge ils ont, etc. C'est une forme de reconnaissance de ce que je fais pour eux et de ce que je vis. Le fait de les séparer en classe, c'est comme me dire qu'ils ne sont pas jumeaux et que le passé n'a pas compté. C'est nier leur différence d'enfants et ma différence de mère.

Ce drôle de sentiment ne subsiste que deux ou trois jours, puis vient la pleine acceptation. Dans la voiture qui nous ramène à la maison, Cyril se fâche : « Moi aussi, je vais faire plein de bêtises, comme ça j'irai dans la même classe que Rémy ! » Que dire ?...

C'est aussi la rentrée pour moi : je démarre mon bilan de compétences. Les premières rencontres sont déstabilisantes car je ne parviens pas à répondre à des questions aussi simples que « Quelles sont vos qualités ? », « Quelles compétences avez-vous développées au cours de votre vie professionnelle ? », « Vers quoi avez-vous envie de vous orienter ? »... Je réponds systématiquement : « Je ne sais pas. » Heureusement, le monsieur qui me reçoit me met à l'aise. Il me présente des « fiches métiers », qui décrivent succinctement les qualités requises pour chaque métier et y font correspondre les compétences nécessaires. Je redécouvre ainsi mon métier d'éducatrice spécialisée. Ces discussions me font beaucoup de bien. Avec le recul, je me rends compte que je me dépréciais. En réalité, je sais faire plein de choses, et il va falloir que je m'en serve.

J'ai une petite idée en tête. Mon accompagnateur m'aide à en parler, à la développer. Je ne connais pas dans ma ville de lieu qui regroupe une crèche et une structure d'accueil parents-enfants. Nulle part les enfants multiples ne sont prioritaires. J'aimerais créer un espace qui réponde à ces besoins. J'ai aussi envie d'y ajouter un troisième service : la location de vélos familiaux type biporteurs et triporteurs. À la fin du bilan de compétences, mon accompagnateur m'oriente vers la Boutique de gestion ouest pour y effectuer une EPCRE (Étude préalable à la création/reprise d'entreprise). Des gens commencent à croire dans mon projet, et cela m'encourage à poursuivre.

Une personne qui fréquente la même maison de quartier que moi me parle d'un appel à projets lancé par Nantes Métropole autour de l'économie sociale et solidaire. C'est la chance à saisir. Je remue ciel et terre pour trouver un organisme qui pourrait accueillir mon idée et la porter, car je ne suis encore qu'un porteur de projet isolé.

Après plusieurs réponses négatives, c'est finalement l'Udaf (Union départementale des associations familiales) qui accepte de présenter mon dossier. Je le dépose juste avant la date limite. Il ne me reste plus qu'à patienter quelques mois pour avoir la réponse. L'attente va être longue.

En février 2009, le biporteur arrive enfin. Nous découvrons en famille les joies de ce nouveau mode de déplacement, non polluant qui plus est. Le week-end, nous partons pour de grandes balades. Je mets un peu de temps avant d'oser effectuer en biporteur les trajets pour l'école. Je m'attends à ne pas passer inaperçue, et je ne voudrais pas me casser la figure avec les enfants devant tout le monde !

Les réactions sont très diverses : il y a ceux qui trouvent ce vélo génial et me demandent des informations pour en acheter un, et ceux dont le regard me dit que je suis inconsciente de mettre mes enfants en danger de cette façon. Pourtant, Cyril, Rémy et Charlotte sont casqués et attachés par une ceinture de sécurité. Je porte moi-même un gilet de signalisation, et un écarteur de voiture est fixé au vélo. Les enfants sont installés sur deux petits bancs l'un derrière l'autre. Dans les descentes, la place de choix est à l'avant. Mes trois bambins découvrent de nouvelles sensations. Moi, j'éprouve un immense plaisir à les avoir tous les trois avec moi. Je me sens comme une maman poule qui promène ses petits. Je crois que je suis aussi un peu fière. Les enfants prennent l'habitude de chanter en route pour m'encourager quand ça grimpe. Ou alors ils me racontent leur journée tout en dégustant leur goûter. L'assistance électrique est une aide précieuse et je viens à bout de toutes les côtes sans trop forcer. Ce n'est que du bonheur, et le bonheur me fait du bien !

Vie quotidienne et démarches professionnelles

Si tout cela a l'avantage de me sortir de mon train-train quotidien, je dois quand même assumer les tâches liées à l'entretien de la maison et à l'éducation des enfants. Je m'organise pour prendre mes rendez-vous pendant les heures d'école. Mes activités associatives me prennent de plus en plus de temps, et le temps m'est compté. Paradoxalement, plus j'en fais, mieux je vais dans ma tête.

Pourtant, les enfants continuent de me mener la vie dure. Les garçons découvrent le pouvoir de leur gémellité : à deux, ils sont très forts face à l'adulte. Dès que j'en réprimande un, l'autre arrive pour prendre sa défense. Ils interviennent même quand cela concerne Charlotte. Il y en a toujours un pour dire : « Tu n'as pas le droit de la gronder ! » À l'école, c'est pareil. Ils n'ont pas peur et se soutiennent l'un l'autre, rendant difficile la gestion du groupe pour l'enseignant. Avec moi, ils ont pris de mauvaises habitudes, par exemple au niveau des « pipis » : pour éviter une multiplication par deux des accidents, je les ai toujours laissés aller aux toilettes dès qu'ils en avaient envie, et de préférence dehors. Ils se déculottent donc sans complexe un peu partout, et notamment dans la cour de récréation... Ils ont bien remarqué que les autres enfants rient beaucoup en les voyant faire. La maîtresse doit leur réapprendre à demander à aller aux toilettes.

À la maison, le matin, les enfants font de la résistance. Ils ne veulent plus se lever ni s'habiller sans mon aide. Leur père instaure un rythme quasi militaire et ne tolère pas la moindre jérémiade. Moi, je n'y arrive pas, et les enfants en profitent largement. Charlotte s'enfouit sous sa couette et, du haut de ses 4 ans et demi, me nargue : « Je vais faire exprès de rester au lit, comme ça on sera en retard et tu seras obligée de nous garder à la maison ! » Les garçons, eux, jouent tranquillement dans leur chambre alors que je leur ai demandé de se préparer. Et, chaque matin, ils me disent : « Mais ze veux zouer, moi ! »

Je me mets alors à courir d'une chambre à l'autre et à gesticuler. Je tends à l'un sa chemise, j'aide l'autre à retirer son pyjama, je sors de force Charlotte de son lit. Ce cirque dure un bon moment et, au final, nous sommes effectivement en retard. Je vois rouge, la matinée démarre très mal. Sur le trottoir, je les abreuve de reproches et leur crie dessus pour les faire avancer. En général, je continue dans la voiture, ce qui n'arrange rien, bien évidemment. Ils finissent par se mettre à pleurer.

Comme il m'est insupportable de laisser mes enfants commencer leur journée en larmes, j'essaie toujours de calmer le jeu en arrivant à l'école, avec un petit câlin ou des mots tendres.

Il y a longtemps, ma sœur m'a fait remarquer qu'on ne peut pas demander à un trop jeune enfant de s'habiller seul chaque jour. Il faut le lui demander de temps en temps, puis de plus en plus souvent à mesure qu'il grandit. Je partage son opinion, mais quel est le « bon » âge pour exiger qu'il s'habille seul ? Je vois bien que c'est difficile de faire les choses « comme les grands », même si c'est aussi gratifiant. De plus, tous les enfants sont différents, et respecter le rythme de chacun nécessite un minimum de souplesse.

Je m'en tiens donc à ma méthode – pendant la semaine je les habille, le week-end je les invite à le faire tout seul et laisse Jérôme conserver la sienne. Les enfants s'adaptent.

Au finale, je constate que tous trois sont très autonomes, beaucoup plus que certains de leurs petits amis qui viennent dormir à la maison. Aujourd'hui, Cyril est toujours le premier habillé sans qu'on ait à le lui demander.

Le parcours à Pôle emploi

Après avoir déposé ma troupe à l'école, j'enchaîne souvent avec un rendez-vous à Pôle emploi. Je participe aux ateliers qui me sont proposés. Je m'étonne que nous soyons si peu nombreux : on nous sert pourtant quantité d'informations sur un plateau, et des gens viennent là exprès pour nous donner un coup de pouce dans notre recherche d'emploi.

J'ai demandé à être inscrite à un atelier autour du CV. J'en ai grand besoin : mon CV n'a pas été actualisé depuis que j'ai eu mon diplôme d'éducatrice spécialisée. Or je ne sais pas ce que je pourrais y ajouter, à part mon premier (et dernier) emploi en CDI. Plusieurs personnes m'ont conseillé de ne plus mentionner mes petits boulots d'étudiante. J'ai du mal à m'y résoudre. C'est comme si ce que j'avais fait avant mon diplôme ne comptait pas, alors que je me suis vraiment démenée pour obtenir ces emplois. Autre problème : comment justifier cette « suspension » de travail de quatre années, qui correspond à ma deuxième grossesse et à mon congé parental ?

Le jour de l'atelier, j'arrive munie de mon ordinateur portable. Je suis seule avec la formatrice. Tant mieux, nous allons pouvoir avancer. Elle prend résolument les choses en main. Tout en me faisant parler de ma vie, de mes expériences professionnelles, de mes activités associatives, elle s'installe devant l'écran et intervient directement dans le fichier, déplaçant des paragraphes, reformulant des phrases, modifiant la typo et les couleurs, supprimant des passages. En trois heures, je me retrouve avec un CV dont je n'aurais pas osé rêver. Pourtant, c'est vraiment moi dont il est question dans ces quelques lignes. La formatrice a réussi à résumer le tout et à mettre en valeur l'essentiel. Merci à elle. Je sors heureuse.

Dans les autres ateliers, qui comptent en général moins de six participants, je croise toutes sortes de personnes. Je les écoute mais, surtout, je les observe. Et je me rends compte que certaines d'entre elles se retrouvent très vite en difficulté. Elles comprennent mal les consignes, par exemple. Cela m'attriste, car je me dis qu'elles risquent de rater quelque chose. C'est pourquoi, discrètement, je tente de les aider, soit en leur montrant ce qu'il faut faire, soit en faisant signe à l'animateur pour qu'il répète son explication, comme si c'est moi qui en avais besoin. Je me fiche bien qu'on puisse me prendre pour une andouille, en revanche je ne supporte pas de laisser les autres au bord du chemin. C'est ainsi.

Il m'arrive aussi d'être moi-même en difficulté. Lors d'un atelier dans le cadre de mon bilan de compétences, nous effectuons des simulations d'entretien d'embauche. Chacun est tour à tour l'employeur et le candidat. C'est très drôle d'être dans la peau de celui qui pose les questions. Le but du jeu étant de déstabiliser l'autre pour qu'il apprenne à se contrôler, je me lâche un peu. Mais quand vient mon tour d'être examinée, je fais moins la maligne. Au début, je me débrouille à peu près bien, même si je bafouille. Les choses se gâtent quand on me demande pourquoi je veux changer de métier : j'échoue lamentablement à produire un discours positif. Au cours du débriefing, les examinateurs m'expliquent que je donne l'impression de ne pas vouloir recommencer à travailler et de ne pas pouvoir évoquer positivement mon expérience passée. C'est vrai. Mais comment cacher son désarroi quand il est si profond ? Si je n'ai pas repris mon ancienne activité professionnelle, c'est parce que j'en suis bien incapable. Où pourrais-je puiser la patience requise pour m'occuper d'enfants largement déstructurés alors que je supporte si mal les miens ?

Cet atelier est un excellent exercice. J'en tire l'enseignement que l'on peut beaucoup progresser dans la façon de se présenter aux autres, mais que l'on ne saurait être vraiment persuasif si son discours est en désaccord avec son moi intérieur.

Un jeu entre mères

Je rejoins un jour, par hasard, un groupe de mamans pour un atelier organisé par le Conseil général à la ludothèque de mon quartier. Il se présente sous la forme d'un jeu intitulé « Parents en jeu ». Des pions sont déplacés sur un plateau, et l'animatrice pose des questions en fonction de la case sur laquelle ils tombent.

Les thèmes abordés sont l'autorité, la communication, la violence… Les participantes, réparties en petits groupes, se concertent pour trouver la meilleure réponse à apporter à une situation donnée. Elles mettent ainsi en commun leurs pratiques. Puis le deuxième animateur, qui est un professionnel du théâtre, nous propose de jouer les scènes. Chacune incarne ainsi tour à tour la mère, le père, l'enfant, l'adolescent, le petit frère…

Je me propose volontiers pour interpréter les rôles d'enfants ou d'adolescents, mais je n'ai aucune envie de jouer la mère ! C'est avec une grande jubilation que j'interprète des enfants capricieux, opposants, râleurs, ou des adolescentes insolentes. Les fausses mamans qui partagent la scène avec moi ont fort à faire, et l'hilarité est souvent au rendez-vous. Prendre la place du gamin insupportable me fait beaucoup de bien ; je me détends par le rire. Après la « représentation », nous discutons des réactions proposées par les acteurs et réfléchissons à des alternatives, puis les scènes sont rejouées en tenant compte des indications.

Bien que tout cela ne soit qu'un jeu, je me rends compte que, quand l'adulte modifie son comportement, cela fait aussi évoluer celui de l'enfant. En tout cas, toutes les mamans repartent des séances un peu plus riches de l'expérience des autres.

Petites réflexions autour de la fessée

Aujourd'hui, 16 octobre 2009, je reviens d'un petit atelier de bricolage dans le cadre de la préparation du marché de Noël de l'école. Avec les autres mamans, nous avons évoqué le grand sujet du jour : le projet de loi visant à interdire la fessée. La majorité d'entre elles s'y opposent ; toutes, ou presque, ont recours à la fessée dans leur quotidien, et peu se demandent s'il y a moyen de faire autrement. La fessée est pour elles une manière de contraindre l'enfant à obéir quand les mots ne suffisent pas, et leur donne aussi l'impression d'agir, quel que soit le résultat.

Bien que j'aie été la première à abuser de la fessée, je suis convaincue du « mal-fondé » de cette pratique. D'abord, comment la justifier auprès de l'enfant, à qui l'on explique qu'il n'a pas le droit de céder à ses propres pulsions ? De plus, le fait de taper a-t-il vraiment pour effet de diminuer notre tension interne ? À y regarder de plus près, ce que je ressens après avoir administré une fessée, c'est surtout un certain dégoût de moi-même.

La fessée est aussi très souvent pour la maman un réflexe de canalisation de l'angoisse quand elle a eu très peur pour la sécurité de son petit. Un enfant qui s'élance sur la chaussée ou escalade une fenêtre peut provoquer des réactions tout à fait inattendues chez sa mère.

Lorsque j'ai demandé aux mamans du groupe de me dire à combien de fessées quotidiennes elles fixaient la limite acceptable, aucune n'a su me répondre. Notre limite n'est pas celle du voisin. En revanche, le ressenti de l'enfant, lui, est bien palpable. Quelle différence y a-t-il entre un petit postérieur bien rouge après une fessée et un autre qui, en quinze jours, va passer du violet au bleu puis au vert ? Est-ce la répétition ou l'intensité qui permet de parler de maltraitance ? Au-delà des traces physiques, c'est dans le regard de mon Cyril que j'ai vu à quel point je lui avais fait du mal en levant la main sur lui. Je l'ai mesuré aussi quand mes enfants ont commencé à développer des gestes réflexes de protection en me voyant en colère – des gestes qui ont blessé la « bonne mère » que je voudrais être.

Et nous, qu'avons-nous gardé des « corrections » que nous avons reçues ? Moi, je me souviens du sentiment d'injustice que j'éprouvais face à l'adulte qui usait de sa force, et aussi d'un sentiment d'humiliation. Pourtant, mes parents veillaient toujours à ne pas donner de fessées en public.

En définitive, qu'est-ce que l'enfant retient réellement : le motif de la punition ou l'effet qu'elle a eu sur lui ?

C'est le principe même de la violence physique sur autrui qui est à remettre en question. La fessée, y compris quand on la considère comme « éducative », est une violence. Pour autant, je ne suis pas certaine qu'il soit opportun de légiférer sur cette question. Les effets pervers d'une telle interdiction risquent de dépasser ses bénéfices. Si, dans les établissements qui accueillent des enfants, les corrections corporelles sont interdites depuis longtemps, il reste très facile d'attraper un petit bras et de le serrer bien fort pour obtenir toute l'attention requise...

C'est donc individuellement qu'il faut travailler sur ces questions. Tout d'abord, en interrogeant ses propres pratiques :

– quel âge avait mon enfant quand je l'ai tapé pour la première fois ?

– qu'est-ce qui a déclenché mon geste ?

– quel genre de tapes est-ce que je me permets de donner ?

– sur quelles zones s'abat ma main (ou mon pied) ?

– combien de fois par mois, par semaine ou par jour ai-je recours à de tels sévices ?

En général, quand on se pose ces questions, on prend conscience qu'il y a une progression dans les coups – dans le temps et dans la gravité. Et, malheureusement, il arrive que seule l'hospitalisation, voire la mort de l'enfant, mette fin à l'escalade.

Pour se protéger, l'adulte doit essayer d'éviter de se retrouver dans les types de situation qui déclenchent sa fureur. Plus facile à dire qu'à faire ! Les enfants savent nous amener à perdre le contrôle. Mon mari a tendance à prévenir tout haut quand il sent qu'il arrive à sa limite… et en général les choses rentrent rapidement dans l'ordre. Mais pour que cela fonctionne, encore faut-il que l'enfant ait la certitude que la sanction tombera effectivement s'il n'obéit pas. Or nombreuses sont les mères – j'en fais partie ! – qui promettent la punition mais retardent sans cesse le moment de mettre leur menace à exécution. Elles perdent ainsi toute autorité. Oui, cela me fait mal de punir, de me fâcher ; je préférerais tellement que l'on vive tous en harmonie, sans heurts, avec seulement des bisous et des câlins ! Mais voilà, la vraie vie, ce n'est pas comme chez les Bisounours.

Au lieu de légiférer sur la fessée, ne vaudrait-il pas mieux se poser la question de l'accompagnement, voire de la formation, de tout un chacun en matière d'éducation ?

Ma réinsertion

L'étude préalable à la création/reprise d'entreprise doit permettre d'évaluer mon projet de trois services en une seule structure et de mesurer ma capacité à le mener à terme. En quelques heures réparties sur six séances, nous étudions, mon accompagnatrice et moi, les démarches à effectuer. Je commence par coucher sur le papier ce que j'ai en tête et par faire des recherches pour mieux connaître le secteur de la petite enfance. Il me faut des chiffres. Je rencontre des services de la mairie, d'autres porteurs de projets, des associations, des professionnels. Toutes les personnes avec lesquelles je discute me préviennent : il faut plusieurs années pour monter ce genre de structure. Cela m'inquiète un peu, car la patience n'est pas la principale de mes qualités. L'idée de devoir rester plus longtemps à la maison ne me réjouit pas vraiment.

Je me pose la question de la reprise d'une autre activité. Mais à quoi puis-je prétendre ? Je cherche de nouvelles pistes, épluche les annonces. Personne ne voudra de moi si je n'ai pas les qualifications adéquates. Il y a tellement de candidats. J'envisage même de prendre un poste de caissière ou de vendeuse en magasin. Mais je sais que je m'en lasserai au bout de quinze jours. J'ai trop besoin de prendre des initiatives. Plus le temps passe, plus je sens que j'ai envie d'*entreprendre*.

Je reste donc concentrée sur mon projet. À la fin de l'EPCRE, j'accepte la formation « créateur d'entreprise » que me propose de suivre mon accompagnatrice. À Pôle emploi, je découvre que ces trois simples mots facilitent beaucoup de choses. C'est un véritable sésame, surtout si vous êtes susceptible de créer des emplois.

La conseillère en charge du programme m'explique que l'accompagnement est plus léger pour les créateurs que pour les repreneurs. Elle ne me convoquera que tous les six mois pour faire le point. Je n'ai pas de nouvelles d'elle depuis maintenant deux ans... Cela m'étonne que l'on ne me demande pas davantage de comptes sur l'avancée de mon projet.

Première expérience de témoignage public

Lors du conseil d'administration de l'association de jumeaux dont je fais partie, nous débattons du thème de notre prochaine conférence – nous essayons d'en organiser une tous les un ou deux ans. Depuis plusieurs mois, je réfléchis à la nécessité de témoigner du vécu des mères pour rompre leur isolement. C'est une très bonne occasion pour le faire. Je propose d'inscrire notre conférence dans la programmation des « Questions de parents », une quinzaine organisée par la mairie et au cours de laquelle toutes les associations en lien avec la famille peuvent se faire connaître en proposant des ateliers, des rencontres, des portes ouvertes... La municipalité se charge de l'aspect communication et met ses salles à notre disposition. L'idée est validée par le conseil d'administration, et je m'attelle au travail de préparation.

Je voudrais faire intervenir une psychologue pour la partie théorique. J'ai aussi rencontré un homme spécialisé dans le *coaching* pour personnes en situation de *burn-out* professionnel. Je lui propose d'établir un parallèle entre ce que vivent les hommes au travail et les femmes à la maison. Quant à moi, je compte témoigner de mon vécu de mère. Le thème retenu est : « Être mère : du bonheur à l'épuisement ».

Trouver la psychologue adéquate n'est pas si simple. Il faut qu'elle soit concernée par le sujet, sache parler en public et accepte de ne pas demander une rémunération qui ruinerait notre petite association. Surtout, il faut que nous puissions travailler ensemble. Je donne quantité de coups de téléphone, rencontre plusieurs personnes et passe le message autour de moi.

Une amie me parle de Violaine Guéritault, auteur d'un livre sur le sujet. J'achète l'ouvrage et pars en quête d'informations pour tenter de la contacter. Je remonte sa piste comme un détective, appelant son éditeur, les services communication des émissions télévisées où elle a été invitée, et même des membres de sa famille. Je laisse partout des messages. Tout cela pour apprendre qu'elle est installée aux États-Unis... La déception est grande, et je n'ai personne d'autre en vue.

C'est alors que l'on me parle de Sophie Marinopoulos. J'entre en contact avec elle par l'intermédiaire de l'association Les Pâtes au beurre, qu'elle a créée dans la région nantaise. Nous nous rencontrons. La responsable régionale de l'association Parrains par mille nous rejoint. Enfin, mon équipe est au complet ! C'était moins une : nous sommes à quelques jours de la date limite pour renvoyer les dossiers d'inscription à la quinzaine « Questions de parents ».

La conférence attire un peu plus d'une centaine de personnes. Une majorité de femmes, mais aussi des hommes. Alors que mon rythme cardiaque est très élevé pendant l'intervention de Sophie Marinopoulos, il revient à la normale quand arrive mon tour de prendre la parole. C'est la première fois que je parle en public de mon vécu de mère. L'évocation de certains événements est douloureuse, et mon émotion se transmet à l'auditoire. J'ai du mal à gérer mon temps de parole et j'empiète largement sur celui du *coach* que j'ai invité.

Celui-ci, pour conclure sa courte intervention, propose à l'assistance de tenter un petit exercice : imaginer que le passage adapté de l'ouvrage *Souffrir à force d'aider* (sous-titré *Le* burn-out *dans la relation d'aide : une perspective nouvelle*) s'applique à des mères en détresse, et non au personnel médical. De fait, cela colle parfaitement !

Le *burn-out* s'exprime par des signes de dépression assez typiques :
- épuisement à un niveau élevé ;
- tristesse et pleurs ;
- agacement à la moindre critique ;
- doute de son efficacité et peur de mal faire ;
- dévaluation de son idéal ;
- démotivation ;
- agressivité vis-à-vis des collègues, voire des malades ou des familles ;
- troubles du sommeil ;
- troubles de l'appétit ou digestifs ;
- besoin de décrocher, arrêts de travail à répétition.

Le syndrome du *burn-out,* ou épuisement professionnel, touche les nombreuses professions au service des autres, notamment les professions médicales. Il semble que, porté par un fantasme d'invulnérabilité, le médecin dénie sa fatigue et refuse l'idée même de maladie. Le syndrome survient plus précocement et de façon plus massive en cas de difficultés personnelles ou familiales, ou en cas de fatigue excessive (horaires difficiles, absence de congés, etc.).

C'est à la suite de cette conférence que Sophie Marinopoulos me propose d'écrire ce témoignage.

Maman ou chef d'entreprise ?

Je commence doucement à préparer ma fille à la reprise de mon activité professionnelle. Je lui explique que, d'ici à quelques mois, je vais avoir un nouveau métier, donc des horaires un peu différents. Elle s'inquiète. Elle veut absolument que je reste à la maison pour m'occuper d'elle. Parfois, elle me fait de vraies scènes : « Les mamans doivent s'occuper des enfants, tu n'as pas le droit de travailler ! » Je suis face à un mini-dictateur. Mes enfants ont aussi du mal à comprendre que je puisse avoir des amies et leur consacrer du temps. Même quand je traîne un peu pour papoter avec d'autres mères à la sortie de l'école, ils râlent.

Finalement, je crois que j'ai évoqué le sujet de ma reprise un peu trop tôt. J'aurais dû attendre d'avoir une date précise. Au lieu de rassurer Charlotte, j'ai accru son angoisse. Elle me demande très souvent : « C'est quand que tu vas travailler, maman ? », et je n'ai pas de réponse à lui donner.

Le début de ma formation de créateur d'entreprise vient ajouter de l'eau à son moulin. Mes horaires me permettent de déposer les enfants à l'école le matin, mais ils restent tous les jours à la cantine et à la garderie. Je les récupère fatigués. Je dois également m'organiser pour les faire garder le mercredi. Je jongle entre les amies, le centre de loisirs et ma famille. Ma mère me dépanne souvent maintenant que les enfants sont plus grands.

Malgré les complications que cela entraîne dans mon organisation familiale, je suis extrêmement heureuse de me retrouver avec d'autres adultes en formation. J'ai parfois un peu de mal à rester concentrée, mais je m'accroche, surtout pendant la session qui porte sur le budget prévisionnel. Je rencontre des gens aux profils très variés, portant des projets qui n'ont rien à voir les uns avec les autres. Je savoure ces heures où je suis physiquement *et* psychiquement sans enfants. De fait, je n'ai pas le temps de penser à eux car le programme est chargé.

Je me projette dans l'avenir. Combien serons-nous, à l'issue de la formation, à concrétiser notre projet professionnel ? Je veux faire partie du lot. Il est temps pour moi d'avancer.

Le regard que les autres portent sur moi a changé. En particulier celui des hommes. Lors d'un dîner chez des amis, me voilà au centre de la conversation, bombardée de questions par ces messieurs. Bien que je trouve ces marques d'intérêt agréables, je suis franchement gênée. Assise au bout de la table, il y a une autre femme qui ne dit rien depuis un moment. J'essaie d'orienter la discussion vers elle. Elle prend un petit air désolé et déclare qu'elle ne fait rien, à part élever ses enfants. Fin de la discussion. Les hommes ne voient plus quoi lui dire. Je suis triste pour elle. J'aimerais l'encourager à nous raconter tout ce qu'elle fait pour sa famille, ses tracas et ses espoirs, mais je risquerais de mettre tout le monde mal à l'aise.

Une nana d'enfer !

Le soir, après ces journées bien chargées, je suis souvent trop fatiguée pour avoir la force de faire autre chose que regarder la télévision. Un jour, en zappant, je tombe sur une drôle d'émission. On y découvre une femme un peu sèche qui régente les maisonnées et coache leurs habitants. Super Nanny fait son entrée dans mon intérieur.

Je suis stupéfaite de la voir agir. Les situations dans lesquelles elle intervient trouvent un véritable écho en moi. Je regarde ces mamans marquées par la fatigue et le désarroi ; elles me font mal. Je me retrouve une fois de plus à pleurer en douce devant ma télé. Je me sens tellement proche de ces femmes, je comprends si bien leur peine. Je n'ai pas la même empathie pour les pères. Dans l'ensemble, je les trouve plutôt pitoyables, affalés sur leur canapé et complètement démissionnaires. Parfois, ils ont un sursaut d'autorité, mais qui se traduit par des comportements complètement décalés et abusifs. Je n'ai bizarrement pour eux aucune pitié. Heureusement que Jérôme ne leur ressemble pas.

Semaine après semaine, je me mets à regarder Super Nanny. Je l'observe, je l'écoute. Je la trouve parfois un peu infantilisante avec les parents, mais je reconnais qu'elle a des méthodes efficaces et qu'elle les aide finalement à reprendre leur place. Je tente donc de mettre ses conseils en pratique. J'obtiens des résultats inespérés. Si un enfant fait une crise, je m'incline pour être à sa hauteur, je lui tiens doucement mais fermement le bras, et je lui explique les choses clairement, en peu de mots. À ma grande surprise, mon petit bout se calme et m'écoute attentivement. Les choses rentrent dans l'ordre. Quel soulagement !

Super Nanny a le « superpouvoir » de nous conseiller sans nous mettre sur le banc des accusés. Chacun voit ce qu'il veut voir et entend ce qu'il est prêt à entendre. Humblement, chacun peut reconnaître qu'il lui arrive de déraper avec son enfant, de lui faire subir sa propre incapacité à l'élever correctement. Une fois que l'on a fait sincèrement sa petite introspection, on est prêt à avancer. Il est absurde de penser que les pauvres adultes que nous sommes avons la science infuse en matière d'éducation. Élever des enfants nous confronte à nos propres défauts, à nos propres limites, de manière très concrète. Avec eux, il n'est pas possible de tricher : les retombées sont immédiates. Sans porter de jugements, Super Nanny laisse la porte ouverte à la remise en question.

Quelque temps après l'annonce de son décès, alors que j'en discutais avec d'autres mères, j'ai été frappée de constater combien elles étaient nombreuses à avoir été aidées par cette émission dans leur quotidien. Beaucoup l'ont pleurée.

Hyper-réceptivité

Je suis maintenant connectée à mon environnement de manière intensive. Mes charges familiales, mes engagements associatifs et mes projets professionnels me permettent de m'intégrer dans de nombreux réseaux. C'est alors que je développe une espèce d'hyper-attention à tout ce qui m'entoure. Après avoir été longtemps happée par mes enfants, je me sens désormais happée par mon environnement. Bizarrement, cela ne provoque pas en moi la réaction de saturation que j'ai eue avec mes enfants.

Ainsi, sans le vouloir, j'entends les conversations des gens et je repère les personnes qui vont mal, comme si ma sensibilité était aiguisée. Entendant par exemple, dans un magasin, une maman se désoler de ne pas trouver le château Playmobil dont rêve son fils, je lui indique une adresse où je sais qu'il est en stock… Les gens sont d'abord surpris que je m'adresse à eux spontanément, puis ils me remercient.

Je suis persuadée que mon expérience de mère y est pour beaucoup : c'est cette veille constante qui permet à la maman de répondre rapidement à l'appel de son nouveau-né la nuit.

Mais cet état ne doit pas perdurer trop longtemps, car il est usant et contribue largement à l'épuisement général. Parfois, je voudrais pouvoir fermer mes oreilles pour ne plus absorber les conversations des gens et prendre en charge leurs besoins ! Petit à petit, je parviens à relâcher ma vigilance et à me recentrer sur moi-même.

Retour à l'équilibre

Le fait de récupérer physiquement me permet de retrouver un équilibre psychique vital. Ma vie s'organise maintenant entre les horaires des enfants et ceux de mon conjoint, mes activités associatives et la mise sur pied de mon projet professionnel, qui me porte autant que je le porte. La plupart des personnes que je rencontre se montrent intéressées par ce dernier. Elles me soutiennent et m'encouragent. Quelques amis et relations acceptent même de s'engager à mes côtés pour créer une association que je baptise L'Ilot familles. Je reprends confiance. Je suis gaie et enthousiaste. Je râle beaucoup moins qu'avant.

J'ai fait une grande découverte au cours de ces années de lutte : la solution ne peut venir que de soi. Les autres, les structures d'accompagnement, sont des aides pour faire émerger la personne que l'on est vraiment. La volonté de faire bouger le « système » est un moteur essentiel dans ma vie. Définitivement, je ne veux plus faire partie des gens qui se plaignent sans rien entreprendre. Chacun a sa part à donner.

Je continue de rencontrer, environ une fois par trimestre, la psychologue qui a suivi Charlotte pendant quelque temps. Elle m'a déjà suggéré à plusieurs reprises de traiter les petits caprices des enfants avec plus de légèreté. Maintenant, j'y parviens ! j'arrive à en sourire, quelquefois même à en rire franchement. Je suis aussi davantage à l'écoute de leurs peines.

Un soir, après la classe, alors que j'accompagne Rémy à son cours de judo, il me dit tout à trac : « Ma vie est fichue, je ne vois jamais ma marraine ! » Et il fond en larmes… Comment ne pas s'émouvoir ? Je le console, le rassure, on appelle sa marraine. Le chagrin passe. Un autre jour, sans préavis, il se plante devant moi et me lance, d'un ton plein de reproche : « Comment veux-tu que j'apprenne mon métier de clown si je ne vais pas à l'école du cirque ? » Je découvre que mon petit garçon a de vrais soucis. Il prend tout très à cœur. Il retient quasiment chaque mot qu'on lui dit et ne souffre pas qu'un adulte revienne sur sa parole. Il me remet sans arrêt en question et se fâche dès qu'un projet est ajourné ou annulé. Je vois bien qu'il a besoin plus que d'autres d'une structure et de repères stables, mais dans la vie on ne fait pas toujours ce qu'on veut. Comment l'amener à introduire un peu de souplesse dans son fonctionnement ?

Rémy réfléchit beaucoup et se pose énormément de questions. Très tôt, il émet des hypothèses qu'il cherche à vérifier. Je ne suis pas toujours capable de mesurer la quantité d'informations qu'il ingurgite. Ses cogitations l'emmènent loin, et j'essaie de rester au plus près de ce qu'il m'en dit pour l'aider à trouver les solutions et organiser sa pensée. Il grandit ainsi, accumulant du savoir. Sa bonne mémoire et son goût pour la justesse des choses le conduisent souvent à reprendre les autres quand ils font des erreurs. Tout le monde y passe, enfants comme adultes. Il corrige les mots utilisés à mauvais escient, fait répéter les personnes qui commettent des fautes de français, met le doigt sur les contradictions des uns et des autres. Ça le rend parfois exaspérant, d'autant plus qu'il a raison neuf fois sur dix ! Mais c'est un petit garçon intéressant, attachant et très câlin.

Cyril est extrêmement créatif et fait beaucoup moins de bêtises. Il invente des jeux, des instruments de musique, des mobiles avec tout ce qui lui tombe sous la main. Il ramasse ce qu'il trouve par terre dans la rue, dans la cour de l'école, et s'en emplit les poches.

Lors d'un festival de musique à Nantes nous nous baladons tous ensemble au milieu des stands associatifs. Cyril prend sur une table une petite pochette en carton et s'enquiert auprès de son père et moi de ce qu'elle contient. C'est un préservatif. Jérôme et moi évitons de lui répondre clairement et lui demandons de le remettre là où il l'a trouvé. Puis nous poursuivons notre chemin. Quelques jours plus tard, Cyril vient me montrer l'attrape-mouches qu'il a fabriqué. Il en est très fier. Je me retiens d'éclater de rire : son attrape-mouches est constitué d'un préservatif dans lequel il a fourré des billes, des petits morceaux de bois, un Playmobil et quelques Lego, et qu'il a fermé par une pince à cheveux appartenant à sa sœur. Je ne sais trop quoi faire ni quoi dire. Il ne faut surtout pas que je prononce le nom de la chose, sinon il va se mettre à le crier sur tous les toits. Pour garder contenance, je l'interroge sur le fonctionnement de son piège. Il me sort une explication pour le moins fumeuse.

Je suis à la fois admirative, franchement amusée et carrément embarrassée à l'idée qu'il apporte l'objet en classe. Je vois d'ici la tête des institutrices... Chaque matin, je vérifie discrètement le contenu des poches de mon fils avant qu'il ne parte pour l'école.

Le soir, Cyril vient nous dire que son attrape-mouches sent très fort, l'odeur le gêne pour dormir. J'ai briefé Jérôme, qui reste très naturel. Charlotte aussi se montre intéressée par ce petit dispositif ingénieux. Elle le manipule dans tous les sens, en se demandant bien pourquoi il glisse un peu. Le préservatif finit par se déchirer. Oh, quel dommage ! Je prends un air navré et déclare à ma fille qu'il ne lui reste plus qu'à le jeter. Je mettrai moi-même Cyril au courant de la fin tragique de son invention.

Depuis tout petit, Cyril est le seul à savoir profiter de ma présence sans être gêné par son frère et sa sœur. Ainsi, alors que les deux autres se battent pour venir sur mes genoux, lui attend qu'ils soient libres pour y grimper. Sous ses airs de dur au mal, Cyril est très tendre. Avec les plus jeunes que lui, il est patient, prévenant, consolateur. Sa plus grande qualité est certainement la générosité. Il ne lui viendrait pas à l'idée de manger un bonbon s'il n'y en a pas aussi pour le reste de la fratrie. Et puis Cyril fait les plus beaux « poutous » du monde !

Charlotte est une petite fille très forte. Dans sa tête et dans ses petits muscles. À la maison, c'est elle mon second. Les bricolages, c'est notre affaire ! À nous deux, nous réussissons à monter n'importe quel meuble acheté en kit. Je lui enseigne mes techniques pour pallier le manque de force physique par l'intelligence et la débrouillardise. J'aime la complicité qui s'installe maintenant entre nous au-delà des accrochages. Elle me chouchoute. Ma maman m'a souvent dit, quand j'étais adolescente, qu'elle me souhaitait d'avoir une fille comme moi. Aujourd'hui, je crois que je l'ai, et j'en suis heureuse. Je déchanterai peut-être plus tard...

Charlotte perd ses dents de lait une à une, et je passe mes nuits à jouer la petite souris. Comme elle veut lui écrire, nous entamons une correspondance assidue avec elle. La souris en profite pour faire passer quelques messages : « Si tes dents ne sont pas bien propres, je ne les prendrai pas ! », « Avec ta pièce, je préférerais que tu achètes un petit jeu que des bonbons », « Ton sourire reste magnifique, même avec quelques trous »... Je me prends au jeu.

L'enfance de mes trois bambins me permet de laisser aller mon imagination et de renouer avec les contes. J'adore ça. Je suis aussi très attentive à toutes leurs paroles d'enfant. Ce sont pour moi de vrais cadeaux. C'est à moi qu'ils se confient ; j'en suis très touchée. Je mesure chaque jour le bonheur de les avoir auprès de moi.

Je peux désormais profiter pleinement de la personnalité de chacun de mes enfants, car je ne suis plus étouffée par le stress. J'ai repris le dessus. J'ai acquis davantage de défenses et je suis capable de remettre les choses à leur place. Ce mieux-être s'explique par un retour à un équilibre entre ma vie de mère et ma vie de femme. Certes, mon regard continue de se porter sur mes enfants, mais le face-à-face permanent est rompu par mes autres engagements.

Aujourd'hui, quand je pose les yeux sur mes enfants, je les vois tels qu'ils sont : tout jeunes. La perception que j'ai d'eux est enfin en adéquation avec leur âge réel : 5 ans et 7 ans, ce n'est tout de même pas bien vieux ! Il y a encore quelque temps, je les assimilais à des adultes et voyais en eux des mini-tyrans. Cela me rendait la vie impossible, car j'étais incapable de prendre le moindre recul. La question n'était plus : « Comment vivre avec eux le mieux possible ? », mais : « Qui doit rester : eux ou moi ? »

Dorénavant, je parviens à rire de leurs bêtises, de leurs caprices et de leurs tentatives de manipulation. La vie est plus légère. Je les aime, et ils me le rendent bien. Je peux compter sur eux et ils peuvent compter sur moi. Ma fille et moi nous comprenons instantanément. Mes garçons ont pour moi des gentillesses qui me vont droit au cœur. Leurs baisers déposés doucement dans mon cou sans raison particulière, juste pour me dire qu'ils m'aiment, m'attendrissent. Ils me rendent de petits services, partagent avec moi leurs bonbons et leurs menus trésors.

Certes, je décèle en eux trois quelques traces de nos difficultés passées, mais pas de dégâts irrémédiables. Il arrive que le ton de leur voix ressemble un peu trop au mien quand mon exaspération est à son comble. Ils ont encore du mal à supporter l'attente. Mais nous nous améliorons ensemble. Rien n'est perdu !

Il ne me viendrait plus jamais à l'idée de fuir mes enfants ; je ne peux me passer d'aucun d'eux. Ils sont mon énergie vitale. Les années de cauchemar m'ont légué une envie phénoménale d'avancer. Je suis aussi pleine d'énergie aujourd'hui que j'en étais vide pendant cette période. Ma colère intérieure s'est muée en un dynamisme débordant. Je compense à 200 %

mes frustrations passées en participant à ma manière aux efforts de ma ville au service de ses habitants.

Tribuletsens

En avril 2010, je crée Tribuletsens, une EURL (entreprise unipersonnelle à responsabilité limitée) qui a d'abord pour vocation de fournir L'Ilot familles en cycles spéciaux à destination des familles et des personnes à mobilité réduite. Le nom de ma société – que j'ai trouvé avec l'aide d'une professionnelle, après un *brainstorming* de quelques heures – contient tout ce qui me tient à cœur :

- la « tribu », pour la famille, bien évidemment ;
- le « sens », celui que l'on veut donner à sa vie, les valeurs que l'on souhaite véhiculer ;
- la conjonction « et », qui matérialise les liens ;
- j'y entends aussi le mot « bulles », avec l'idée de légèreté qu'il évoque : les bulles, c'est gai et beau quand on les regarde avec des yeux d'enfant !
- enfin, sa sonorité rappelle également le terme « tribulations » : je suis partie dans une

sorte de voyage où j'essaie d'emmener de nombreuses personnes avec moi.

Par un concours de circonstances, je rencontre le fabricant des triporteurs Nihola, qui vient de délocaliser son entreprise à Nantes. Nos enfants sont dans la même école et nous avons des amis communs. Il me propose de compléter mon activité en vendant les vélos de sa marque. Je deviens distributeur agréé. Maintenant, je sais quoi dire quand on me demande quelle est mon activité professionnelle : Je suis « distributeur d'innovations circulaires » !

Après de multiples démarches, rencontres et justificatifs en tout genre, mon association obtient enfin, à la mi-juillet 2010, l'autorisation d'installer son service de mise à disposition payante de vélos familiaux.

Nous ouvrons nos portes le samedi 31 juillet 2010. C'est un grand jour pour moi. La veille au soir, je suis un peu stressée, mais je me sens prête. Je suis impatiente : cela fait presque trois ans que ce projet mijote, et pendant tout ce temps j'ai eu l'impression de réellement travailler. Il ne me manque que la reconnaissance que procure un salaire. Cela viendra en son temps, j'en suis sûre.

Je vois le sourire des gens qui passent sur la promenade où nous sommes installés. Je vois tous ces petits enfants qui accourent pour admirer nos drôles de machines. Il y a aussi des personnes âgées qui nous disent que les triporteurs existaient déjà à leur époque. Une dame d'un certain âge monte avec sa fille et lui demande de pédaler pour elles deux ; cela m'amuse beaucoup. Après tout, les mères n'ont-elles pas toujours parcouru des centaines de kilomètres en poussant des poussettes ? C'est un juste retour des choses. Des couples louent nos vélos pour des balades en amoureux. Un papa avec un seul bras valide part promener sa fillette. Je n'en reviens pas ! Je n'avais pas imaginé ce cas de figure. Il rentre heureux ; c'était inespéré pour lui de pouvoir faire du vélo avec la petite.

Quelques semaines après l'ouverture, une maman se présente accompagnée de son garçon autiste, âgé d'une douzaine d'années, et d'une amie. Elle a lu un article dans la presse et vient voir si nos vélos sont adaptés au transport de son fils. Tout ce petit monde démarre gaiement et, à nouveau, j'ai le plaisir de les voir revenir le visage illuminé d'un large sourire.

Je suis comblée : je voulais justement que les plus fragiles et les plus petits puissent être devant. Ils doivent avoir la place d'honneur, au lieu d'être traînés comme des « boulets ». Mon ambition est finalement toute simple : rassembler la famille autour d'une même activité, y compris quand il y a plusieurs enfants en bas âge, y compris quand l'un des membres a une mobilité réduite.

Mes enfants assistent à tout cela et y participent à leur façon. Parfois, ils restent avec moi un bout de l'après-midi et m'aident à ranger les vélos. Maintenant, ils savent pourquoi je ne suis pas toujours présente à la maison. Cela ne les empêche pas de râler, mais au moins mon absence a un sens pour eux. Tribuletsens et L'Ilot familles ont pris corps, et moi avec.

Deux autres projets restent à mettre en œuvre. L'association a pour objectif le soutien à la parentalité et l'accueil de la petite enfance. C'est pourquoi nous projetons d'ouvrir une crèche/halte-garderie qui recevra en priorité les enfants multiples : les parents de jumeaux et de triplés sont si souvent refoulés. Nous souhaitons y accoler un lieu d'accueil parents-enfants qui sera également un pôle d'information pour orienter vers les associations familiales compétentes.

La route est encore longue, mais je ne suis plus seule. L'amour que mes enfants me portent et la fierté de mon mari me donnent des ailes.

Ce soir, les enfants sont restés à la garderie après l'école. Quand j'arrive pour les chercher, une toute petite fille pleure très fort devant la grille. L'aide-maternelle ne la connaît pas – la rentrée scolaire ne date que d'une semaine. En voyant cette fillette en plein désarroi alors qu'elle attend sa maman, je me dis que j'ai peut-être eu raison de ne pas reprendre trop vite une activité professionnelle. Cela me permet d'être chaque soir à 16 h 30 à la sortie de l'école. Les parents mesurent-ils toujours à quel point leurs enfants ont besoin d'eux ? Mais beaucoup n'ont pas de solution.

Je ne suis pas une maman exemplaire ; mes enfants ont eu à souffrir, peut-être, d'une présence trop grande et inappropriée en période de crise. Nous cherchons tous un fragile équilibre entre le « bien » pour nos petits chéris et le « possible » de nos vies.

J'aimerais citer pour conclure un extrait, au ton ironique, de l'introduction du livre de Violaine Guéritault, *La Fatigue émotionnelle et physique des mères. Le* burn-out *maternel* (Odile Jacob, 2004) :

> La société attend une performance exemplaire de la part des mères sans que leur soient accordées les ressources nécessaires pour répondre à cette attente. Si elles sont épuisées, débordées ou chroniquement en retard, c'est forcément parce

qu'elles sont désorganisées. S'il leur arrive d'être agressives, colériques ou à bout de nerfs, c'est sans doute à cause d'un cas de syndrome prémenstruel aigu. Si finalement elles s'effondrent, c'est parce qu'elles souffrent de dépression due à une nature vulnérable et que les médicaments devraient soulager afin qu'elles retrouvent une productivité capable de satisfaire les besoins de tous ceux qui les entourent.

Épilogue

Quelques pistes pour mieux vivre la maternité

Aujourd'hui, pour moi, une page se tourne, et d'autres sont à écrire. Mais qu'en est-il pour des millions de mères ? Sommes-nous nombreuses à traverser, à l'insu de tous, cette douloureuse expérience ? Combien de mamans, seules et désemparées face aux colères de leur enfant, se cachent pour pleurer ? S'intéresse-t-on vraiment au conflit intérieur que vivent les mères ? En connaît-on les répercussions sur les enfants ?

En prévention

Laissez tomber une fois pour toutes l'image que vous vous faites de la « bonne mère ». N'est juste que ce que vous avez choisi, pas ce que l'on vous impose. Acceptez de ne pas être idéale, de parfois blesser vos enfants, d'avoir vos limites.

Faites vos propres expériences : c'est par la pratique que l'on apprend. Chaque personne a son rythme, et ce qui convient à l'une ne sera pas forcément approprié pour une autre.

Écoutez vos enfants.

Acceptez l'aide proposée en revoyant à la baisse vos exigences.

Mais tout cela, vous l'avez déjà lu ou entendu.

Finalement, que peut faire l'entourage ?

S'impliquer dans le quotidien, prendre réellement en charge une partie des tâches ménagères.

Ne pas considérer que la maternité n'est qu'une affaire de femmes. Je rappelle qu'il n'y a de mères que parce qu'il y a des pères.

Messieurs, ne laissez pas votre femme se noyer en pleine mère ! Il est trop facile de venir vous plaindre que vous n'avez plus votre place après avoir quitté le navire, laissant femme et enfants se débattre à la maison. Comment voulez-vous que madame ait des attentions pour vous quand toute son attention est accaparée par l'enfant qui vient de naître ? Il est dans votre intérêt de ne pas entrer en rivalité avec lui. Il vaudrait mieux que votre femme vous perçoive comme sa bouée de sauvetage. Elle vous en sera infiniment reconnaissante. Ne pensez jamais qu'elle est une Wonder Woman ; elle risquerait de le devenir et, un jour, de se passer de vous.

L'entourage amical ou familial peut soutenir la mère de multiples manières, qui ne passent pas forcément par la garde des enfants. Parfois, elle a juste besoin d'être accompagnée, par exemple pour aller au parc – bien souvent, si la maman discute avec une amie, les enfants s'éloignent moins. On peut aussi aller rendre visite aux mamans à leur domicile, à une heure choisie en accord avec elles.

Que faire quand les choses vont mal ?

Parfois, pourtant, il est nécessaire de prendre en charge les petits pendant quelques heures ou quelques jours, le temps de laisser la mère récupérer. À être trop centrée sur les besoins d'autrui, on peut se perdre. Les mères en situation de stress et de fatigue intense et durable sont fragilisées. Du coup, elles sont moins capables de s'occuper des enfants de manière adéquate.

C'est très bien de leur conseiller d'aller chercher de l'aide auprès des services compétents, mais il faut faire plus : leur mettre en main le numéro de téléphone d'un contact fiable.

Le problème de la reprise du travail est à examiner sérieusement. Est-ce si judicieux de prendre un congé parental à plein-temps ? Le choix doit-il être dicté par des contraintes extérieures ? Il est nécessaire de prendre quelques mois pour se reposer, mais je crois que la question du retour au travail doit être remise régulièrement sur le tapis. À qui la présence de la mère au foyer profite-t-elle le plus ?

Le vrai enjeu, en réalité, n'est pas l'activité professionnelle ; c'est l'activité extérieure tout court. Quels sont les moments de la journée où une mère a l'occasion de parler avec un adulte autre que son époux ? Qu'est-ce qui lui est offert pour qu'elle entretienne ses neurones et sa forme physique ? Avant d'être « maman de… » ou « femme de… », je suis d'abord « Stéphanie » ; j'ai besoin d'avoir le sentiment que j'ai une existence propre et une valeur personnelle. C'est ce sentiment qui fera que j'accepterai d'être *aussi* « maman de… » et « femme de… ».

Le plus difficile est sans doute de résister à cette pensée collective, d'autant plus néfaste qu'elle est insidieuse, qui voudrait qu'une mère doive tout donner à ses enfants.

En tant que mère, répondez franchement quand on vous demande comment vous allez. Si vous répondez : « Oui, ça va ! » alors que ce n'est pas le cas, les gens ne risquent pas de vous épauler.

En tant qu'amie, essayez de forcer les confidences au-delà du « Oui, ça va ! ». J'ai constaté à maintes reprises que les langues se délient quand on évoque sa propre expérience, si l'on accepte de mettre un peu en veille sa fierté. Depuis que je parle ouvertement de mes difficultés, de nombreuses mamans m'ont confié qu'elles se trouvaient dans la même situation. Je suis toujours agacée quand je discute avec une femme qui assure que tout va bien : son couple est génial, elle s'éclate au boulot, ses enfants sont très faciles… Soit je la crois et alors je me sens nulle, soit j'ai quelques doutes et j'en conclus qu'elle ne veut pas parler de ses problèmes. Quoi qu'il en soit, cela ne permet pas des relations *vraies*. Pour cela, il faut prendre un minimum de risques, se mettre un peu à nu.

Il arrive aussi que, même si la mère cherche à exprimer son mal-être, l'interlocuteur n'ait pas du tout envie d'en entendre parler. Je suis alors partisane de la corne de brume plutôt que de la petite sonnette d'alarme. Faites du bruit ! Il ne faut pas que l'on vous oublie dans un coin. Vous avez le droit et le devoir d'exister, pour vous et pour vos enfants, qui vous observent.

Une mère qui va mal a besoin de tout sauf d'être jugée. Attention à ne pas asséner des réponses toutes faites sous prétexte de donner des conseils. Certains mots tuent. Ainsi, commencer ses phrases par « Tu devrais... » ou « Tu ne devrais pas... » ne fait qu'enfoncer. Dans ces cas-là, les recommandations sont perçues comme venant souligner nos faiblesses.

Évitez à tout prix les comparaisons : « Tu sais, chez Madame Bidule, c'est bien pire ! Toi, tu es dans de bonnes conditions. » Ou encore : « Ma belle-sœur a eu des jumeaux et deux autres enfants après, et elle s'en sort très bien. » Merci, je me sens tout de suite mieux ! La discussion est close, puisqu'il n'y a pas de place pour moi. Ma plainte n'a pas été entendue, je suis bâillonnée et reléguée au rang de mère geignarde et incapable.

Il est pourtant facile d'envoyer des petits mots d'encouragement. Les parents ont un rôle déterminant à jouer lorsqu'ils deviennent grands-parents. Le regard de sa propre mère ou de son propre père est capital : « Tu es un bon père, tu es une bonne mère, je vois bien tout ce que tu fais », sous-entendu : « Je te reconnais dans ta capacité à être mère. »

La peine que l'on perçoit chez un ami nous pousse généralement à essayer de trouver des solutions pour lui. Mais on se trompe sur l'attente de l'autre : l'important est d'écouter, de reconnaître, d'accompagner. Il n'y a pas forcément à comprendre ; chaque être est unique et fait ce qu'il peut avec ce qu'il est. Pas besoin non plus de grands discours.

Pour ma part, j'aurais simplement aimé être entendue. En janvier 2008, Jérôme et moi avons rédigé une longue lettre pour souhaiter une bonne année à nos familles et à nos amis. Nous y avons vraiment mis nos tripes, décrivant de façon détaillée la période que nous vivions alors, particulièrement difficile pour nous. Nous avons reçu très peu de courrier en retour. Nous avons même eu des réactions franchement hostiles, certaines personnes nous reprochant de nous plaindre la bouche pleine. En l'occurrence, nous n'avions pas du tout voulu nous plaindre, juste expliquer ce qu'étaient nos sentiments et notre vécu à ce moment-là. Moi particulièrement, j'ai été jugée. Quand aujourd'hui j'entends les mêmes personnes me raconter à quel point elles « saturent » face à leurs enfants, je me dis que les gens ont la mémoire bien courte. Est-ce qu'une petite phrase comme « Maintenant, je comprends par quoi tu es passée » serait trop demander ? Plusieurs années après, je suis encore marquée par ce ressentiment. Et quand une maman me dit qu'elle pense souvent à moi parce qu'elle vient d'avoir des jumeaux et trouve que la charge est lourde à porter, j'ai envie de lui répondre : « Merci de partager cela avec moi. »

Et pour guérir

Le maître mot pour aller mieux, c'est : sortir ! Si vous restez chez vous, il est peu probable que l'on vienne frapper à votre porte pour vous proposer de l'aide, alors qu'à l'extérieur vous aurez peut-être la chance de tomber sur quelqu'un qui prendra un petit moment pour discuter avec vous. Faites le premier pas. L'isolement n'est pas une maladie, c'est juste une accumulation de petites choses qui vous amène à vous couper du monde. Le processus peut très bien s'inverser.

Si vous vous sentez tellement épuisée et vidée que la situation paraît sur le point de déraper, il vaut mieux vous faire aider par un professionnel. Personne ne peut faire le premier pas à votre place. Et vous verrez : quand vous aurez réenclenché la machine en sens inverse, il deviendra de plus en plus facile de récupérer.

Il existe dans de très nombreuses villes des lieux d'accueil parents-enfants ou des groupes de parole. Si ce n'est pas le cas là où vous habitez, peut-être sera-t-il nécessaire de prendre votre mal en patience. Mais les enfants finissent par grandir, c'est merveilleux ! Vous pourrez alors, si le cœur vous en dit, mettre sur pied une structure de ce type pour les autres jeunes mamans qui arrivent après vous.

La maternité est l'expérience de vie la plus riche, la plus intense, la plus dure, la plus complète et la plus merveilleuse que j'aie jamais vécue. Pour rien au monde je ne reviendrais en arrière, avant l'arrivée de mes trois enfants. Sans eux, jamais je n'aurais créé Tribuletsens et l'association L'Ilot familles, ni entrepris l'écriture de ce livre.

La maternité n'est synonyme ni d'isolement, ni de stress, ni d'une perte de repères. Ce qui nous fait tomber dans ces pièges, c'est ce que nous-mêmes véhiculons, et le regard que la société pose sur nous. Il y a mille manières d'être mère. Ce qu'il faut se demander, c'est : laquelle de ces manières va me rendre heureuse et me permettre de distribuer le bonheur autour de moi ?

Aujourd'hui, je ne suis pas en permanence avec mes enfants, et pourtant j'ai le sentiment de bien m'occuper d'eux car j'essaie de leur donner une image cohérente de la mère. Je les aime très fort, je le leur montre. Je garde du temps rien que pour eux, je leur parle de ma vie professionnelle et m'intéresse à leurs activités. Ils savent que j'ai aussi du plaisir en dehors d'eux. Je les autorise à être heureux sans moi et leur dis tout le bonheur que j'ai à les savoir épanouis.

Dans la vie professionnelle, il y a toujours moyen de se réorienter : on peut changer de métier, prendre un congé sabbatique. Quand on est mère, il n'y a pas d'alternative : il faut assumer. Et quand il y a défaillance, le jugement de la société est rarement mesuré.

Des idées reçues tenaces circulent encore, comme : « Elle a voulu des enfants, donc elle est forcément heureuse. » Ou : « Mère au foyer, ce n'est pas un travail. Si c'en était un, elles auraient un salaire ». Alors pourquoi parler de stress ou d'épuisement dans leur cas, puisque ce sont des états associés à l'activité professionnelle ?

Même l'entourage proche entretient de nombreuses représentations fausses au sujet des mères au foyer : elles n'ont rien d'autre à faire que du shopping ou aller prendre le café chez des amies ; les tâches ménagères et les enfants ne remplissent pas toute une journée ; elles n'ont pas d'horaires à respecter, etc. Souvent, les amies qui travaillent ne comprennent pas ; elles ont même tendance à envier celles qui restent à la maison.

Il faut donc continuer à dire à quel point être mère est « une tâche prenante », de tous les instants, sans vacances, sans arrêts de travail, sans salaire et souvent sans reconnaissance. Mais si le jeu n'en valait pas la chandelle, nous ne serions pas si nombreuses à devenir mères.

Le plus important, c'est le choix qui est donné aux femmes. Car on ne peut assumer que ce qui est pleinement accepté.

Une mère est d'abord une personne avec des aspirations propres, puis une femme avec un homme dans sa vie, et ensuite la mère de ses enfants. À quelle place la société veut-elle nous reléguer ? Pourquoi en choisir une au détriment des autres, alors que le bonheur naît justement de la combinaison de toutes ?

L'écriture de ce livre m'a rappelé mon périple à vélo en solitaire. Les pages se sont accumulées les unes après les autres, comme les kilomètres parcourus. Je ne pensais pas pouvoir dépasser soixante-dix pages. Je ne suis ni écrivain, ni cycliste, mais je sais que l'on peut trouver en soi les ressources pour les projets qui nous font grandir.

Bibliographie et liens Internet

GUÉRITAULT (Violaine), *La Fatigue émotionnelle et physique des mères. Le burn-out maternel*, Odile Jacob, 2004.

GROSCH (W.N.), OLSEN (D.C.), *Souffrir à force d'aider. Le burn-out dans la relation d'aide : une perspective nouvelle*, Satas, 1998.

« Deux, trois, quatre nés ensemble », dossier de la revue *Enfance & Psy* (Éditions Eres), n° 34, mars 2007.

www.ilot-familles.com

www.tribuletsens.fr

www.difference-jumeaux.fr/index.php/a-propos-2/violences/

www.jumeaux-et-plus.fr

Remerciements

Merci à mon mari et à mes enfants qui me soutiennent et croient en moi.

Merci à ma mère qui accueille mes enfants même quand je ne suis pas dans l'urgence ; depuis toute petite, son exemple m'a donné envie de travailler dans le secteur social.

Merci à mon père qui m'a transmis l'envie d'entreprendre ; je peux compter sur lui pour nos petits et gros bricolages. Il est toujours là dans les coups durs.

Merci à ma famille au sens large, à ma belle-famille, aux amis et en particulier à ma sœur et Malika chez qui j'ai toujours pu me poser avec ou sans mes enfants. Ils ont tous été d'un soutien précieux.

Merci à mon éditrice Sophie Marinopoulos, qui m'a offert une merveilleuse opportunité de valoriser et partager mon expérience de mère.

Table des matières

Achevé d'imprimer par GGP Media GmbH, Pößneck
en décembre 2011
pour le compte de France Loisirs,
Paris

N° d'éditeur : 66233
Dépôt légal : décembre 2011
Imprimé en Allemagne